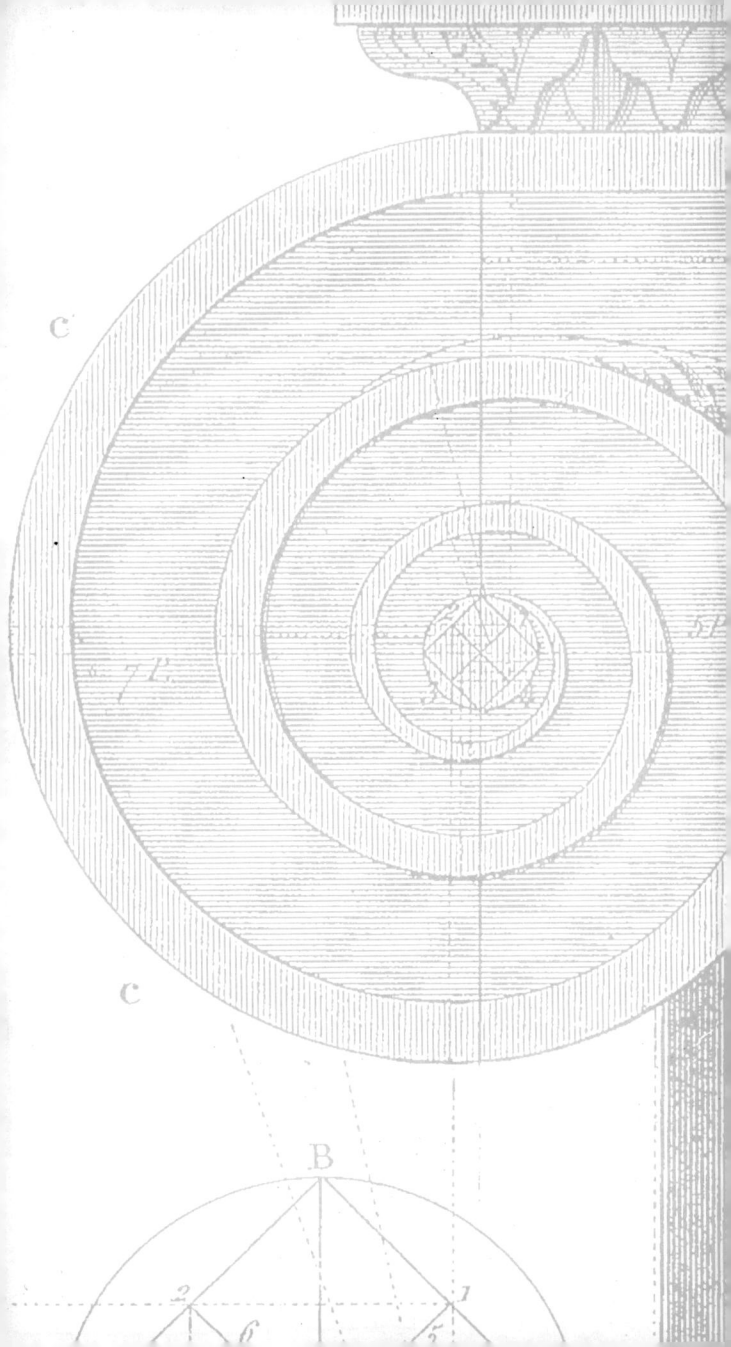

Palabras de Vida

Para

Padres

DE LA

Nueva Versión
Internacional

POR

Robert Wolgemuth

inspirio

The gift group of Zondervan

PALABRAS DE VIDA SOBRE

La ira.............................6	El matrimonio 120
El compromiso............10	El dinero.................124
La comunicación.........14	La obediencia..........128
La valentía 18	La paciencia 132
Las decisiones 22	La paz 136
Tiempos difíciles 28	Los planes 142
El ánimo.....................34	El poder 146
El fracaso 40	La oración...............152
La fe............................44	Las prioridades........158
La fidelidad.................50	El dominio
La paternidad 56	propio 162
El temor......................60	El servicio 166
El perdón....................66	El crecimiento
La amistad 74	espiritual 170
La generosidad.............78	La fortaleza 174
El cuidado de Dios......84	El estrés...................178
La esperanza 88	El éxito....................184
La identidad 92	La gratitud 188
La integridad 94	La confianza............192
La alegría 100	Los valores 196
La amabilidad............108	La sabiduría 200
El amor.....................112	El trabajo 204

LA IRA

Más vale ser paciente que valiente;
>   más vale dominarse a sí mismo que conquistar
>   ciudades.

PROVERBIOS 16:32

Todos deben estar listos para escuchar, y ser lentos para hablar y para enojarse; pues la ira humana no produce la vida justa que Dios quiere.

SANTIAGO 1:19–20

«Si se enojan, no pequen.» No dejen que el sol se ponga estando aún enojados.

EFESIOS 4:26

Iniciar una pelea es romper una represa;
>   vale más retirarse que comenzarla.

PROVERBIOS 17:14

La respuesta amable calma el enojo,
>   pero la agresiva echa leña al fuego.

PROVERBIOS 15:1

No tomen venganza, hermanos míos, sino dejen el castigo en las manos de Dios, porque está escrito: «Mía es la venganza; yo pagaré», dice el Señor.

ROMANOS 12:19

LA IRA

No te dejes llevar por el enojo
   que sólo abriga el corazón del necio.

ECLESIASTÉS 7:9

El que es paciente muestra gran discernimiento;
   el que es agresivo muestra mucha insensatez.

PROVERBIOS 14:29

El sabio teme al SEÑOR y se aparta del mal,
   pero el necio es arrogante y se pasa de confiado.
El iracundo comete locuras,
   pero el prudente sabe aguantar.

PROVERBIOS 14:16–17

El que es iracundo provoca contiendas;
   el que es paciente las apacigua.

PROVERBIOS 15:18

No te hagas amigo de gente violenta,
   ni te juntes con los iracundos,
no sea que aprendas sus malas costumbres
   y tú mismo caigas en la trampa.

PROVERBIOS 22:24–25

*Quiero … que en todas partes los hombres levanten
las manos al cielo con pureza de corazón, sin enojos ni
contiendas.*

1 TIMOTEO 2:8

PALABRAS DE VIDA SOBRE

LA IRA

---

*El amor es paciente, es bondadoso. El amor no es
envidioso ni jactancioso ni orgulloso. No se comporta
con rudeza, no es egoísta, no se enoja fácilmente, no
guarda rencor.*

1 CORINTIOS 13:4–5

Si tu enemigo tiene hambre, dale de comer;
    si tiene sed, dale de beber.
Actuando así, harás que se avergüence de su conducta,
    y el SEÑOR te lo recompensará.

PROVERBIOS 25:21–22

*Todo el que se enoje con su hermano quedará sujeto al
juicio del tribunal ... Por lo tanto, si estás presentando
tu ofrenda en el altar y allí recuerdas que tu hermano
tiene algo contra ti, deja tu ofrenda allí delante del
altar. Ve primero y reconcíliate con tu hermano; luego
vuelve y presenta tu ofrenda.*

MATEO 5:22–24

Pensamiento Devocional Sobre La Ira

Desde el principio del relato de Job y sus tribulaciones, Dios juntó las quejas de Job como si fueran cupones. Luego, en los capítulos 38 al 41, Dios visita el supermercado. Recorre un pasillo tras otro, una fila tras otra, un versículo tras otro, el Dios soberano se dispone a cobrar sus cupones en la caja registradora de Job. En ningún otro lugar de la Biblia se defiende de un modo más meticuloso.

Tomando distancia, lo que a mi entender se destaca más en este monólogo no es el arrebato de Dios ni la cuestión de su derecho a defenderse. Para mí, lo más asombroso es que Dios escoja no hacer esto en otras partes de la Biblia. En lugar de poner a la gente en su sitio justo cuando se lo merece, es más común que Dios sea misericordioso y lento para la ira. Por lo tanto, el poder de Dios no se revela en su discurso a Job. Más bien se revela en su increíble mesura.

Cada vez que nos frenamos de dar el sermón que a nuestro parecer «se merece» nuestra familia, sumamos más cupones. Ahora bien, aprenda una lección de las acciones de Dios en la Biblia. Aprenda el poder de la misericordia y de la mesura. Cobre estos cupones únicamente cuando llegue el momento de transformar ese poder retenido en algo verdaderamente importante — y útil— para su familia.

EL COMPROMISO

No nos cansemos de hacer el bien, porque a su debido tiempo cosecharemos si no nos damos por vencidos.

GÁLATAS 6:9

¡Manténganse firmes y no bajen la guardia, porque sus obras serán recompensadas!

2 CRÓNICAS 15:7

Encomienda al SEÑOR tu camino;
    confía en él, y él actuará.
Hará que tu justicia resplandezca como el alba;
    tu justa causa, como el sol de mediodía.

SALMO 37:5–6

El amor no se deleita en la maldad sino que se regocija con la verdad. Todo lo disculpa, todo lo cree, todo lo espera, todo lo soporta.

1 CORINTIOS 13:6–7

[El Señor dijo:] «Haré que haya coherencia entre su pensamiento y su conducta, a fin de que siempre me teman, para su propio bien y el de sus hijos. Haré con ellos un pacto eterno: Nunca dejaré de estar con ellos

EL COMPROMISO

———

para mostrarles mi favor; pondré mi temor en sus corazones, y así no se apartarán de mí.»

JEREMÍAS 32:39–40

Dedíquense por completo al SEÑOR nuestro Dios; vivan según sus decretos y cumplan sus mandamientos.

1 REYES 8:6

Grábame como un sello sobre tu corazón;
    llévame como una marca sobre tu brazo.
Fuerte es el amor, como la muerte.

CANTARES 8:6

Todo el que se descarría y no permanece en la enseñanza de Cristo, no tiene a Dios; el que permanece en la enseñanza sí tiene al Padre y al Hijo.

2 JUAN 9

¿Quién, SEÑOR, puede habitar en tu santuario?
    ¿Quién puede vivir en tu santo monte?
Sólo el de conducta intachable,
    que practica la justicia
y de corazón dice la verdad.

SALMO 15:1–2

EL COMPROMISO

———

No se amolden al mundo actual, sino sean transformados mediante la renovación de su mente. Así podrán comprobar cuál es la voluntad de Dios, buena, agradable y perfecta.

ROMANOS 12:2

Jesús dijo: «Vengo pronto. Aférrate a lo que tienes, para que nadie te quite la corona.»

APOCALIPSIS 3:11

PENSAMIENTO DEVOCIONAL SOBRE EL COMPROMISO

Conocí al Capitán John K. Mitchell durante dos horas y cincuenta y cinco minutos, exactamente el tiempo de vuelo entre Nashville y Phoenix. John era un oficial naval, que debía hacer un cambio de avión en Phoenix. «¿Dónde está su esposa?» le pregunté, pues había visto su cintillo.

«Ah, hace cuatro años que perdí a Florence», me respondió, y sus ojos me comunicaron que el dolor seguía fresco. «Durante el tiempo que Dios nos dio juntos, vivimos según el versículo: "Ahora bien, sabemos que Dios dispone todas las cosas para el bien de quienes lo aman, los que han sido llamados de acuerdo con su propósito." Dios fue muy bueno al darme los años que sí pasé con Florence».

John y Florence Mitchell estuvieron casados por espacio de sesenta y seis años. Un total de treinta años antes de su muerte, ella sufrió un ataque cerebral que la dejó inválida. «La cuidé todos los días sin falta», me contó el Capitán Mitchell. «No lo hubiera hecho de otro modo. Fue un honor para mí».

Es posible que Dios no obre «todas las cosas» exactamente según nuestros planes. Pero si andamos con nuestro Padre celestial, si obedecemos su llamado, podremos, al igual que el Capitán John K. Mitchell, hacer una mirada retrospectiva y declarar que todas las cosas fueron «buenas».

LA COMUNICACIÓN

Sean, pues, aceptables ante ti
    mis palabras y mis pensamientos,
    oh SEÑOR.

SALMO 19:14

Quien habla el bien, del bien se nutre.

PROVERBIOS 13:2

Plata refinada es la lengua del justo.

PROVERBIOS 10:20

El sabio de corazón controla su boca;
    con sus labios promueve el saber.

PROVERBIOS 16:23

Anímense unos a otros con salmos, himnos y canciones espirituales. Canten y alaben al Señor con el corazón, dando siempre gracias a Dios el Padre por todo, en el nombre de nuestro Señor Jesucristo.

EFESIOS 5:19-20

Ofrezcamos continuamente a Dios, por medio de Jesucristo, un sacrificio de alabanza, es decir, el fruto de los labios que confiesan su nombre.

HEBREOS 13:15

LA COMUNICACIÓN

Como naranjas de oro con incrustaciones de plata
son las palabras dichas a tiempo.

PROVERBIOS 25:11

Panal de miel son las palabras amables:
endulzan la vida y dan salud al cuerpo.

PROVERBIOS 16:24

Es muy grato dar la respuesta adecuada,
y más grato aun cuando es oportuna.

PROVERBIOS 15:23

El SEÑOR omnipotente me ha concedido
tener una lengua instruida,
para sostener con mi palabra al fatigado.

ISAÍAS 50:4

La lengua que brinda consuelo es árbol de vida.

PROVERBIOS 15:4

*Estén siempre preparados para responder a todo el que
les pida razón de la esperanza que hay en ustedes. Pero
háganlo con gentileza y respeto, manteniendo la conciencia limpia…*

1 PEDRO 3:15

LA COMUNICACIÓN

Al vivir la verdad con amor, creceremos hasta ser en todo como aquel que es la cabeza, es decir, Cristo.

EFESIOS 4:15

La lengua de los sabios destila conocimiento.

PROVERBIOS 15:2

El que quiera amar la vida
    y gozar de días felices,
que refrene su lengua de hablar el mal
    y sus labios de proferir engaños;
que se aparte del mal y haga el bien;
    que busque la paz y la siga.

SALMO 34:12–14

Una respuesta sincera
    es como un beso en los labios.

PROVERBIOS 24:26

Que su conversación sea siempre amena y de buen gusto. Así sabrán cómo responder a cada uno.

COLOSENSES 4:6

El que habla, hágalo como quien expresa las palabras mismas de Dios.

1 PEDRO 4:11

PENSAMIENTO DEVOCIONAL SOBRE LA COMUNICACIÓN

Cuando éramos mucho más jóvenes, la mayoría escuchó a los niños del vecindario gritar el dicho: «Palos y piedras mis huesos podrán quebrar, mas nunca las palabras me podrán dañar» [Trad. libre del inglés.]

Eso es un disparate. ¿Por qué? Porque las palabras son poderosas. Y, en ocasiones, pueden ocasionar heridas profundas.

Zorobabel y su cuadrilla estaban ocupados en la reconstrucción del templo que en alguna época había sido el centro de la vida judía. Enemigos de los judíos de países vecinos intentaron lastimar a Zorobabel y a sus socios, no con puños ni armas sino con sus palabras. Hasta mandaron especialistas entrenados («llegaron a sobornar a algunos de los consejeros» [Esdras 4:1–5]) con el fin de robar el entusiasmo y la alegría de este pueblo fiel. Zorobabel defendió la causa de ellos, y refutó las palabras crueles y desalentadoras que pudieran haber debilitado las manos de su pueblo.

Nosotros también tenemos la capacidad de estos «especialistas»; nuestras palabras pueden atemorizar a nuestros hijos y debilitar a nuestros seres queridos. Pero, gracias a Dios, también podemos optar por imitar a Zorobabel y expresar palabras buenas que alienten a nuestros hijos. Literalmente podemos revertir el temor y dar a nuestra familia fortaleza, meramente con lo que decimos.

Escoja sus palabras con cuidado. Tienen un poder increíble.

LA VALENTÍA

El SEÑOR es mi luz y mi salvación;
    ¿a quién temeré?
El SEÑOR es el baluarte de mi vida;
    ¿quién podrá amedrentarme?

SALMO 27:1

Así que no temas, porque yo estoy contigo;
    no te angusties, porque yo soy tu Dios.

ISAÍAS 41:10

¡Sé fuerte y valiente! ¡No tengas miedo ni te desanimes!
Porque el SEÑOR tu Dios te acompañará dondequiera
que vayas.

JOSUÉ 1:9

Todo lo puedo en Cristo que me fortalece.

FILIPENSES 4:13

Queridos hermanos, no se extrañen del fuego de la
prueba que están soportando, como si fuera algo insó-
lito. Al contrario, alégrense de tener parte en los sufri-
mientos de Cristo, para que también sea inmensa su
alegría cuando se revele la gloria de Cristo.

1 PEDRO 4:12-13

PALABRAS DE VIDA SOBRE

LA VALENTÍA

«Cuando cruces las aguas,
yo estaré contigo;
cuando cruces los ríos,
no te cubrirán sus aguas;
cuando camines por el fuego,
no te quemarás ni te abrasarán las llamas»,
[declara el Señor].

ISAÍAS 43:2

En todo esto somos más que vencedores por medio de aquel que nos amó. Pues estoy convencido de que ni la muerte ni la vida, ni los ángeles ni los demonios, ni lo presente ni lo por venir, ni los poderes, ni lo alto ni lo profundo, ni cosa alguna en toda la creación, podrá apartarnos del amor que Dios nos ha manifestado en Cristo Jesús nuestro Señor.

ROMANOS 8:37-39

Pon tu esperanza en el SEÑOR;
ten valor, cobra ánimo;
¡pon tu esperanza en el SEÑOR!

SALMO 27:14

[Dios] fortalece al cansado
y acrecienta las fuerzas del débil.

LA VALENTÍA

Aun los jóvenes se cansan, se fatigan,
    y los muchachos tropiezan y caen;
pero los que confían en el SEÑOR
    renovarán sus fuerzas;
volarán como las águilas:
    correrán y no se fatigarán,
caminarán y no se cansarán.

ISAÍAS 40:29-31

*No se inquieten por nada; más bien, en toda ocasión,
con oración y ruego, presenten sus peticiones a Dios y
denle gracias. Y la paz de Dios, que sobrepasa todo
entendimiento, cuidará sus corazones y sus pensamientos en Cristo Jesús.*

FILIPENSES 4:6-7

Fortalezcan las manos débiles,
    afirmen las rodillas temblorosas;
digan a los de corazón temeroso:
    «Sean fuertes, no tengan miedo.
Su Dios vendrá,
    vendrá con venganza;
con retribución divina
    vendrá a salvarlos.»

ISAÍAS 35:3-4

Pensamiento Devocional Sobre La Valentía

Había una pequeña biblioteca detrás del sillón en el rincón de la sala de mis padres. Uno de los volúmenes que contenía dicha estantería era un enorme libro titulado *El libro de los mártires de Foxe*. El tomo estaba lleno de relatos verídicos de individuos que, por causa de su amor a Jesucristo, estaban dispuestos a morir por él. Recuerdo claramente cómo me sentaba en el piso detrás de ese sillón. Lentamente daba vuelta las páginas, con la vista fija en las ilustraciones detalladas de estos hombres y mujeres que con increíble valentía soportaron sin vacilar las torturas más espeluznantes que uno se pueda imaginar en lugar de negar su lealtad y amor hacia su Salvador.

Si bien la persecución de los cristianos continúa en la actualidad a nivel mundial, podemos decir sin temor a equivocarnos que nuestra defensa de nuestro Salvador probablemente nunca sea tan severa como estos casos. Pero se nos desafía —y seguirá ocurriendo en forma constante— a transigir en lo que es correcto. Incluso hoy es posible que debamos enfrentar circunstancias tentadoras y acusadoras que nos intimidan. Aun cuando nuestra lealtad a Jesucristo pueda resultarnos costosa, siempre tendrá su premio.

Me encanta imaginarme el encuentro entre Esteban y Jesús en el cielo. «Gracias», le debe haber dicho Jesús a su amigo leal. «De nada», tal vez haya respondido Esteban, «pero tú lo hiciste por mí».

LAS DECISIONES

Míos son el consejo y el buen juicio;
    míos son el entendimiento y el poder…
los que me aman, les correspondo;
    a los que me buscan, me doy a conocer.

PROVERBIOS 8:14, 17

El corazón prudente adquiere conocimiento;
    los oídos de los sabios procuran hallarlo.

PROVERBIOS 18:15

*Si a alguno de ustedes le falta sabiduría, pídasela a
Dios, y él se la dará, pues Dios da a todos generosamente sin menospreciar a nadie. Pero que pida con fe,
sin dudar, porque quien duda es como las olas del mar,
agitadas y llevadas de un lado a otro por el viento.*

SANTIAGO 1:5–6

Oh Dios y salvador nuestro,
    por la gloria de tu nombre, ayúdanos.

SALMO 79:9

Confía en el SEÑOR de todo corazón,
    y no en tu propia inteligencia.
Reconócelo en todos tus caminos,
    y él allanará tus sendas.

PROVERBIOS 3:5–6

LAS DECISIONES

El Señor brinda su amistad a quienes le honran,
    y les da a conocer su pacto.

SALMO 25:14

Dios es quien produce en ustedes tanto el querer como
el hacer para que se cumpla su buena voluntad.

FILIPENSES 2:13

Afirma tus planes con buenos consejos.

PROVERBIOS 20:18

Dirígeme por la senda de tus mandamientos,
    porque en ella encuentro mi solaz.

SALMO 119:35

El Espíritu de la verdad … los guiará a toda la verdad,
porque no hablará por su propia cuenta sino que dirá
sólo lo que oiga y les anunciará las cosas por venir.

JUAN 16:13

El Señor te guiará siempre.

ISAÍAS 58:11

«Yo te guío por el camino de la sabiduría,
    te dirijo por sendas de rectitud», [dice el Señor]

PROVERBIOS 4:11

LAS DECISIONES

———

Guía mis pasos conforme a tu promesa;
  no dejes que me domine la iniquidad.

SALMO 119:133

Enséñame a hacer tu voluntad,
  porque tú eres mi Dios.
Que tu buen Espíritu me guíe
  por un terreno sin obstáculos.

SALMO 143:10

Guíame, pues eres mi roca y mi fortaleza,
  dirígeme por amor a tu nombre.

SALMO 31:3

Por tu gran amor guías al pueblo que has rescatado;
  por tu fuerza los llevas a tu santa morada.

ÉXODO 15:13

[Jesús dijo:] «No se angustien. Confíen en Dios, y con-
fíen también en mí».

JUAN 14:1

Aunque camine en la oscuridad,
  y sin un rayo de luz,
que confíe en el nombre del SEÑOR
  y dependa de su Dios.

ISAÍAS 50:10

LAS DECISIONES

———

Señálame el camino que debo seguir,
porque a ti elevo mi alma.

SALMO 143:8

El corazón del hombre traza su rumbo,
pero sus pasos los dirige el SEÑOR.

PROVERBIOS 16:9

El SEÑOR dice:
«Yo te instruiré,
yo te mostraré el camino que debes seguir;
yo te daré consejos y velaré por ti.»

SALMO 32:8

Atiende al consejo y acepta la corrección,
y llegarás a ser sabio.

PROVERBIOS 19:20

*Ésta es la confianza que tenemos al acercarnos a Dios:
que si pedimos conforme a su voluntad, él nos oye.*

1 JUAN 5:14

*Conoces las Sagradas Escrituras, que pueden darte la
sabiduría necesaria para la salvación mediante la fe
en Cristo Jesús.*

2 TIMOTEO 3:15

PALABRAS DE VIDA SOBRE

LAS DECISIONES

[Salomón le pidió al Señor:] «Yo te ruego que le des a tu siervo discernimiento para gobernar a tu pueblo y para distinguir entre el bien y el mal.»

1 REYES 3:9

Adquiere sabiduría, adquiere inteligencia;
  no olvides mis palabras ni te apartes de ellas.
No abandones nunca a la sabiduría,
  y ella te protegerá;
  ámala, y ella te cuidará.
La sabiduría es lo primero. ¡Adquiere sabiduría!
  Por sobre todas las cosas, adquiere discernimiento.

PROVERBIOS 4:5-7

Tu palabra es una lámpara a mis pies;
  es una luz en mi sendero.

SALMO 119:105

Al necio le parece bien lo que emprende,
  pero el sabio atiende al consejo.

PROVERBIOS 12:15

SEÑOR, hazme conocer tus caminos;
  muéstrame tus sendas.
Encamíname en tu verdad, ¡enséñame!
  Tú eres mi Dios y Salvador;
  ¡en ti pongo mi esperanza todo el día!

SALMO 25:4-5

PENSAMIENTO DEVOCIONAL SOBRE
LAS DECISIONES

———

La tarea de ser un buen papá es muy ardua. Si pudiera escoger, todo papá preferiría ser querido por su familia y no lo contrario. Lamentablemente, muchas veces en la vida familiar el papá queda relegado al último puesto en la lista de sus hijos de nominados a «Papá del año». Esa es una de las posibilidades del liderazgo.

El pobre Moisés supo de esta realidad. Acababa de responsabilizarse personalmente de la liberación del cautiverio de más de dos millones de judíos, una tarea titánica. Pero ahora este pueblo se encontraba apretado entre el Mar Rojo y la totalidad del ejército egipcio. Y estaban muy irritados con Moisés.

De modo que Moisés les da un pequeño discurso: *No tengan miedo, mantengan sus posiciones, y observen cómo Dios hace lo suyo.* Sabiendo que se encontraba propiamente entre la espada y la pared, ¿cómo pudo tener tanta seguridad? La respuesta yace en los capítulos que desembocan en esta historia asombrosa. Moisés se había mantenido en contacto íntimo con el Señor. Su seguridad provenía de Dios mismo.

El secreto de su éxito como papá no depende de cuán a gusto se sientan sus hijos ante sus decisiones. La clave está en determinar quién le da órdenes a usted.

TIEMPOS DIFÍCILES

———

[Jesús dijo:] «En este mundo afrontarán aflicciones, pero ¡anímense! Yo he vencido al mundo.»

JUAN 16:33

[Dios] conoce mis caminos;
   si me pusiera a prueba, saldría yo puro como el oro.

JOB 23:10

Comparte [los] sufrimientos, como buen soldado de Cristo Jesús.

2 TIMOTEO 2:3

A ustedes se les ha concedido no sólo creer en Cristo, sino también sufrir por él.

FILIPENSES 1:29

[El Mesías fue] despreciado y rechazado por los
   hombres,
   varón de dolores, hecho para el sufrimiento.

ISAÍAS 53:3

Así como participamos abundantemente en los sufrimientos de Cristo, así también por medio de él tenemos abundante consuelo.

2 CORINTIOS 1:5

El SEÑOR disciplina a los que ama.

PROVERBIOS 3:12

TIEMPOS DIFÍCILES

———

En nada se comparan los sufrimientos actuales con la gloria que habrá de revelarse en nosotros.

ROMANOS 8:18

Dichosos ustedes si los insultan por causa del nombre de Cristo, porque el glorioso Espíritu de Dios reposa sobre ustedes.

1 PEDRO 4:14

Nos regocijamos ... en nuestros sufrimientos, porque sabemos que el sufrimiento produce perseverancia; la perseverancia, entereza de carácter; la entereza de carácter, esperanza.

ROMANOS 5:3–4

Considérense muy dichosos cuando tengan que enfrentarse con diversas pruebas, pues ya saben que la prueba de su fe produce constancia.

SANTIAGO 1:2–3

[El Señor] no desprecia ni tiene en poco
    el sufrimiento del pobre;
no esconde de él su rostro,
    sino que lo escucha cuando a él clama.

SALMO 22:24

TIEMPOS DIFÍCILES

---

*Me regocijo en debilidades, insultos, privaciones, perse-
cuciones y dificultades que sufro por Cristo; porque
cuando soy débil, entonces soy fuerte.*

2 CORINTIOS 12:10

Muchas son las angustias del justo,
    pero el SEÑOR lo librará de todas ellas.

SALMO 34:19

*Dichoso el que resiste la tentación porque, al salir
aprobado, recibirá la corona de la vida que Dios ha
prometido a quienes lo aman.*

SANTIAGO 1:12

*Por haber sufrido él mismo la tentación, [Jesús] puede
socorrer a los que son tentados.*

HEBREOS 2:18

Cuando te llamé, me respondiste;
    me infundiste ánimo y renovaste mis fuerzas.

SALMO 138:3

*En nuestra debilidad el Espíritu acude a ayudarnos. No
sabemos qué pedir, pero el Espíritu mismo intercede por
nosotros con gemidos que no pueden expresarse con palabras.*

ROMANOS 8:26

TIEMPOS DIFÍCILES

Nuestra lucha no es contra seres humanos, sino contra poderes, contra autoridades, contra potestades que dominan este mundo de tinieblas, contra fuerzas espirituales malignas en las regiones celestiales.

EFESIOS 6:12

Pelea la buena batalla de la fe; haz tuya la vida eterna, a la que fuiste llamado.

1 TIMOTEO 6:12

Que el amado del SEÑOR repose seguro en él,
    porque lo protege todo el día
y descansa tranquilo entre sus hombros.

DEUTERONOMIO 33:12

En el día de la aflicción
    él me resguardará en su morada;
al amparo de su tabernáculo me protegerá,
    y me pondrá en alto, sobre una roca.

SALMO 27:5

Tú eres mi refugio,
    mi baluarte contra el enemigo.
Anhelo habitar en tu casa para siempre
    y refugiarme debajo de tus alas.

SALMO 61:3-4

TIEMPOS DIFÍCILES

El que habita al abrigo del Altísimo
    se acoge a la sombra del Todopoderoso.

SALMO 91:1

[Oh Señor,] tú has sido,
    en su angustia,
un baluarte para el desvalido,
    un refugio para el necesitado,
un resguardo contra la tormenta,
    una sombra contra el calor.

ISAÍAS 25:4

Esperamos confiados en el SEÑOR;
    él es nuestro socorro y nuestro escudo.

SALMO 33:20

*Ninguna disciplina, en el momento de recibirla, parece
agradable, sino más bien penosa; sin embargo, después
produce una cosecha de justicia y paz para quienes han
sido entrenados por ella.*

HEBREOS 12:11

El que con lágrimas siembra,
    con regocijo cosecha.
El que llorando esparce la semilla,
    cantando recoge sus gavillas.

SALMO 126:5-6

PENSAMIENTO DEVOCIONAL SOBRE
TIEMPOS DIFÍCILES

———

Leí la historia de cuando los discípulos los desafiaron a Jesús con una pregunta difícil respecto de un ciego. «¿Quién pecó, él o sus padres?» (Juan 9:2). Cuando los discípulos le hicieron esta pregunta, Jesús respondió: «Esto sucedió para que la obra de Dios se hiciera evidente en su vida» (Juan 9:3).

Usted y yo quizá vivamos con la vista intacta. Pero habremos de pasar por dolor, pérdida, duda y tristeza. Llegaremos a cuestionar la justicia de Dios que permite que quedemos severamente relegados. Durante dichos momentos, es necesario que recordemos que los propósitos de Dios son siempre los mismos. Él obra, se mueve, decide nuestro futuro según la habilidad que tengan nuestras circunstancias de producir alabanza a su santo nombre.

Jesús sanó al ciego. Quizá nos sane o restaure nuestro valor neto … o tal vez no lo haga. Pero pase lo que pase, la tarea que nos corresponde —hoy y siempre— es descansar en su gracia. A nosotros nos toca consolarnos sabiendo que, aunque nos rodeen las tinieblas, él es la luz del mundo.

Agradezca a Dios por el dolor. Nos proporciona el privilegio de verlo a él… y de glorificarlo.

EL ÁNIMO

[Jesús dijo:] «En este mundo afrontarán aflicciones, pero ¡anímense! Yo he vencido al mundo.»

JUAN 16:33

De generación en generación
se extiende su misericordia a los que le temen.

LUCAS 1:50

Depositen en él toda ansiedad, porque él cuida de ustedes.

1 PEDRO 5:7

En mi confusión llegué a decir:
«¡He sido arrojado de tu presencia!»
Pero tú oíste mi voz suplicante
cuando te pedí que me ayudaras…
Cobren ánimo y ármense de valor,
todos los que en el SEÑOR esperan.

SALMO 31:22, 24

Siempre tengo esto presente,
y por eso me deprimo.
Algo más me viene a la memoria,
lo cual me llena de esperanza:
El gran amor del SEÑOR nunca se acaba,
y su compasión jamás se agota.

EL ÁNIMO

Cada mañana se renuevan sus bondades;
　　¡muy grande es su fidelidad!

LAMENTACIONES 3:20-23

Encomienda al SEÑOR tus afanes,
　　y él te sostendrá;
　　no permitirá que el justo caiga.

SALMO 55:22

Por la mañana hazme saber de tu gran amor,
　　porque en ti he puesto mi confianza.

SALMO 143:8

El SEÑOR es refugio de los oprimidos;
　　es su baluarte en momentos de angustia.

SALMO 9:9

¿Por qué voy a inquietarme?
　　¿Por qué me voy a angustiar?
En Dios pondré mi esperanza
　　y todavía lo alabaré.
　　¡Él es mi Salvador y mi Dios!

SALMO 42:5

El Dios sempiterno es tu refugio;
　　por siempre te sostiene entre sus brazos.

DEUTERONOMIO 33:27

EL ÁNIMO

Dios es nuestro amparo y nuestra fortaleza,
    nuestra ayuda segura en momentos de angustia.
Por eso, no temeremos
    aunque se desmorone la tierra
    y las montañas se hundan en el fondo del mar;
aunque rujan y se encrespen sus aguas,
    y ante su furia retiemblen los montes.

SALMO 46:1-3

Busqué al SEÑOR, y él me respondió;
    me libró de todos mis temores.

SALMO 34:4

Sólo en Dios halla descanso mi alma;
    de él viene mi salvación.
Sólo él es mi roca y mi salvación;
    él es mi protector.
    ¡Jamás habré de caer!

SALMO 62:1-2

No bien decía: «Mis pies resbalan»,
    cuando ya tu amor, SEÑOR, venía en mi ayuda.
Cuando en mí la angustia iba en aumento,
    tu consuelo llenaba mi alma de alegría.

SALMO 94:18-19

EL ÁNIMO

El Señor levanta a los caídos
   y sostiene a los agobiados.

SALMO 145:14

Yo soy el Señor, tu Dios,
   que sostiene tu mano derecha;
yo soy quien te dice:
   «No temas, yo te ayudaré.»

ISAÍAS 41:13

Él mismo los salvó;
   no envió un emisario ni un ángel.
En su amor y misericordia los rescató;
   los levantó y los llevó en sus brazos
   como en los tiempos de antaño.

ISAÍAS 63:9

[Jesús dijo:] «Vengan a mí todos ustedes que están cansados y agobiados, y yo les daré descanso. Carguen con mi yugo y aprendan de mí, pues yo soy apacible y humilde de corazón, y encontrarán descanso para su alma.»

MATEO 11:28–29

«Daré de beber a los sedientos y saciaré a los que estén agotados»[, dice el Señor].

JEREMIAH 31:25

EL ÁNIMO

[Dios dice:] «Te basta con mi gracia, pues mi poder se perfecciona en la debilidad.»

2 CORINTIOS 12:9

[Oh Señor,] tú eres mi refugio;
   tú me protegerás del peligro
   y me rodearás con cánticos de liberación.

SALMO 32:7

Caí, pero he de levantarme;
   vivo en tinieblas, pero el SEÑOR es mi luz.

MIQUEAS 7:8

Fiel es Dios, quien los ha llamado a tener comunión con su Hijo Jesucristo, nuestro Señor.

1 CORINTIOS 1:9

Bueno es el SEÑOR con quienes en él confían,
   con todos los que lo buscan.

LAMENTACIONES 3:25

Consideren bien todo lo verdadero, todo lo respetable, todo lo justo, todo lo puro, todo lo amable, todo lo digno de admiración, en fin, todo lo que sea excelente o merezca elogio.

FILIPENSES 4:8

Si usted pasara en automóvil junto al campo de práctica de fútbol justo detrás de la escuela secundaria de nuestra localidad, vería una torre de madera que tiene aproximadamente dieciocho a veinte pies de altura. Tengo el pálpito de que son muy pocas las personas que saben para qué sirve.

Pero usted lo sabe, ¿verdad? Es para los directores técnicos durante las prácticas. Al treparse a la plataforma elevada pueden ver de manera diferente las diversas jugadas y estrategias. Les da perspectiva, algo que puede ser mucho más difícil de lograr estando a nivel del suelo.

José fue despreciado por sus hermanos, lo vendieron como a un perro, y fue encarcelado por una acusación falsa. Pero Dios ayudó a José a «restar importancia» a estos eventos y darse cuenta de que en la misericordia soberana de Dios, todo había ocurrido por su propio bien y para que sobreviviera su familia. He allí la vista panorámica.

¿Qué cosa le ha sucedido a usted y a su familia que lo lleva a preguntarse si Dios sabe lo que hace? ¿Se encuentra en el campo de juego aplastado por un jugador defensivo que pesa como ciento sesenta kilos mientras intenta comprender lo que sucede, o está en la torre de la perspectiva de Dios?

Pídale que lo levante. Él es el mismísimo Dios que levantó a José, y lo hará por usted.

EL FRACASO

No tenemos un sumo sacerdote incapaz de compadecerse de nuestras debilidades, sino uno que ha sido tentado en todo de la misma manera que nosotros, aunque sin pecado. Así que acerquémonos confiadamente al trono de la gracia para recibir misericordia y hallar la gracia que nos ayude en el momento que más la necesitemos.

HEBREOS 4:15-16

El SEÑOR, mi Dios, estará contigo. No te dejará ni te abandonará.

1 CRÓNICAS 28:20

Cuando falta el consejo, fracasan los planes;
    cuando abunda el consejo, prosperan.

PROVERBIOS 15:22

Si somos infieles,
    él sigue siendo fiel,
    ya que no puede negarse a sí mismo.

2 TIMOTEO 2:13

Bueno es el SEÑOR;
    es refugio en el día de la angustia,
    y protector de los que en él confían.

NAHÚM 1:7

PALABRAS DE VIDA SOBRE

EL FRACASO

Aunque pase yo por grandes angustias,
        tú me darás vida;
contra el furor de mis enemigos extenderás la mano:
        ¡tu mano derecha me pondrá a salvo!

SALMO 138:7

Sabemos que Dios dispone todas las cosas para el bien
de quienes lo aman, los que han sido llamados de
acuerdo con su propósito.

ROMANOS 8:28

A las montañas levanto mis ojos;
        ¿de dónde ha de venir mi ayuda?
Mi ayuda proviene del SEÑOR,
        creador del cielo y de la tierra.

SALMO 121:1-2

Alabado sea el Dios y Padre de nuestro Señor Jesucristo,
Padre misericordioso y Dios de toda consolación, quien
nos consuela en todas nuestras tribulaciones para que con
el mismo consuelo que de Dios hemos recibido, también
nosotros podamos consolar a todos los que sufren.

2 CORINTIOS 1:3-4

EL FRACASO

Y respondí: «En vano he trabajado;
he gastado mis fuerzas sin provecho alguno.
Pero mi justicia está en manos del SEÑOR;
mi recompensa está con mi Dios.»

ISAÍAS 49:4

*Manténganse firmes e inconmovibles, progresando
siempre en la obra del Señor, conscientes de que su trabajo en el Señor no es en vano.*

1 CORINTIOS 15:58

PENSAMIENTO DEVOCIONAL SOBRE
EL FRACASO

A muchos papás les cuesta lidiar con la vida. A veces hay cosas en su pasado que literalmente dejan inválidos a los hombres. En algunos casos, estas circunstancias horribles se han convertido en el motivo por el que se han dado por vencidos en la vida … o han fracasado de modo trágico.

Jesús estaba de camino a la fiesta del templo cuando pasó junto a un estanque llamado Betzatá: la palabra significa «un sitio amable». Según la tradición, cuando se agitaban las aguas del estanque, la primera persona que lo tocaba recibía sanidad. Allí Jesús se encontró con un inválido. Tal como Jesús solía hacer al obrar milagros de sanidad, primero cambió la perspectiva del hombre, luego lo sanó … apilando amabilidad sobre amabilidad.

¿Acaso algún acontecimiento en su pasado lo ha dejado «inválido»? ¿Ha permitido que dicho acontecimiento le oscurezca el pasado, le complique el presente y le proyecte dudas sobre el futuro? De ser así, ¿está listo para la amabilidad característica de Jesús? Permítale que le dé la voluntad de sanar su ayer, y le prodigue integridad para el mañana.

LA FE

La fe es la garantía de lo que se espera, la certeza de lo que no se ve.

HEBREOS 11:1

Esfuércense por añadir a su fe, virtud; a su virtud, entendimiento; al entendimiento, dominio propio; al dominio propio, constancia; a la constancia, devoción a Dios; a la devoción a Dios, afecto fraternal; y al afecto fraternal, amor.

2 PEDRO 1:5-7

La fe viene como resultado de oír el mensaje, y el mensaje que se oye es la palabra de Cristo.

ROMANOS 10:17

Abram creyó al SEÑOR, y el SEÑOR lo reconoció a él como justo.

GÉNESIS 15:6

Fijemos la mirada en Jesús, el iniciador y perfeccionador de nuestra fe, quien por el gozo que le esperaba, soportó la cruz, menospreciando la vergüenza que ella significaba, y ahora está sentado a la derecha del trono de Dios.

HEBREOS 12:2

LA FE

—Tengan fe en Dios —respondió Jesús—. Les aseguro que si alguno le dice a este monte: «Quítate de ahí y tírate al mar», creyendo, sin abrigar la menor duda de que lo que dice sucederá, lo obtendrá. Por eso les digo: Crean que ya han recibido todo lo que estén pidiendo en oración, y lo obtendrán.

MARCOS 11:22–24

En el evangelio se revela la justicia que proviene de Dios, la cual es por fe de principio a fin, tal como está escrito: «El justo vivirá por la fe.»

ROMANOS 1:17

Vivimos por fe, no por vista.

2 CORINTIOS 5:7

Por la fe Abraham, a pesar de su avanzada edad y de que Sara misma era estéril, recibió fuerza para tener hijos, porque consideró fiel al que le había hecho la promesa.

HEBREOS 11:11

Sin fe es imposible agradar a Dios.

HEBREOS 11:6

LA FE

La fe de ustedes, que vale mucho más que el oro, al ser acrisolada por las pruebas demostrará que es digna de aprobación, gloria y honor cuando Jesucristo se revele.

1 PEDRO 1:7

Por la fe entendemos que el universo fue formado por la palabra de Dios, de modo que lo visible no provino de lo que se ve.

HEBREOS 11:3

Por su gran misericordia, [Dios] nos ha hecho nacer de nuevo mediante la resurrección de Jesucristo, para que tengamos una esperanza viva y recibamos una herencia indestructible, incontaminada e inmarchitable. Tal herencia está reservada en el cielo para ustedes, a quienes el poder de Dios protege mediante la fe hasta que llegue la salvación que se ha de revelar en los últimos tiempos.

1 PEDRO 1:3-5

Por la fe Moisés, ya adulto, renunció a ser llamado hijo de la hija del faraón. Prefirió ser maltratado con el pueblo de Dios a disfrutar de los efímeros placeres del pecado. Consideró que el oprobio por causa del Mesías era una mayor riqueza que los tesoros de Egipto, porque

LA FE

---

tenía la mirada puesta en la recompensa.

HEBREOS 11:24-26

A cuantos lo recibieron, a los que creen en su nombre, les dio el derecho de ser hijos de Dios. Éstos no nacen de la sangre, ni por deseos naturales, ni por voluntad humana, sino que nacen de Dios.

JUAN 1:12-13

Ya que hemos sido justificados mediante la fe, tenemos paz con Dios por medio de nuestro Señor Jesucristo.

ROMANOS 5:1

Por gracia ustedes han sido salvados mediante la fe; esto no procede de ustedes, sino que es el regalo de Dios, no por obras, para que nadie se jacte.

EFESIOS 2:8-9

Jesús dijo: «La voluntad de mi Padre es que todo el que reconozca al Hijo y crea en él, tenga vida eterna, y yo lo resucitaré en el día final.»

JUAN 6:40

LA FE

Dios no envió a su Hijo al mundo para condenar al mundo, sino para salvarlo por medio de él. El que cree en él no es condenado…

JUAN 3:17-18

[Jesús dijo:] «Ciertamente les aseguro que el que oye mi palabra y cree al que me envió, tiene vida eterna y no será juzgado, sino que ha pasado de la muerte a la vida.»

JUAN 5:24

Esta justicia de Dios llega, mediante la fe en Jesucristo, a todos los que creen. De hecho, no hay distinción, pues todos han pecado y están privados de la gloria de Dios, pero por su gracia son justificados gratuitamente mediante la redención que Cristo Jesús efectuó.

ROMANOS 3:22-24

No fue mediante la ley como Abraham y su descendencia recibieron la promesa de que él sería heredero del mundo, sino mediante la fe, la cual se le tomó en cuenta como justicia … La promesa viene por la fe, a fin de que por la gracia quede garantizada.

ROMANOS 4:13, 16

PENSAMIENTO DEVOCIONAL SOBRE
LA FE

Jairo tenía una gran pena por el dolor de su hija y le rogó a Jesús que la sanara. A Jesús lo distrajeron por un rato después de este pedido, y mientras tanto llegaron varios hombres para comunicarle a Jairo noticias terribles. La niña de este papá había muerto. Jairo quedó entumecido de tristeza.

Sin embargo, nótese la respuesta de Jesús en Marcos 5:36. No dijo nada acerca de la muchacha muerta. Sus primeras palabras no fueron para asegurarle que la niña estaría bien. No, en lugar de eso Jesús miró al padre y le dio el consejo más increíble que haya conocido la humanidad: «No tengas miedo; cree nada más.» Como usted ha leído toda la historia, sabe que tiene un final feliz y absolutamente milagroso.

Jesús brinda algunos consejos muy sabios para nosotros los padres que nos retorcemos las manos en un gesto de preocupación. Nos ofrece un poco de solaz al contemplar la necesidad de cuidar de y proteger a nuestros hijos. «No tengas miedo; cree nada más.»

Gracias, Padre celestial. Eso me hacía mucha falta hoy.

LA FIDELIDAD

Que el SEÑOR le pague a cada uno según su rectitud y lealtad.

1 SAMUEL 26:23

Querido hermano, te comportas fielmente en todo lo que haces por los hermanos, aunque no los conozcas.

3 JUAN 5

A los que reciben un encargo se les exige que demuestren ser dignos de confianza.

1 CORINTIOS 4:2

Los administradores … no encontraron de qué acusarlo porque, lejos de ser corrupto o negligente, Daniel era un hombre digno de confianza.

DANIEL 6:4

Su señor le respondió: «¡Hiciste bien, siervo bueno y fiel! En lo poco has sido fiel; te pondré a cargo de mucho más. ¡Ven a compartir la felicidad de tu señor!»

MATEO 25:21

El hombre fiel recibirá muchas bendiciones …

PROVERBIOS 28:20

LA FIDELIDAD

He andado en los caminos del SEÑOR;
    no he cometido mal alguno
    ni me he apartado de mi Dios.
Presentes tengo todas sus sentencias;
    no me he alejado de sus decretos.
He sido íntegro ante él
    y me he abstenido de pecar.
El SEÑOR me ha recompensado conforme a mi justicia,
    conforme a mi limpieza delante de él.
Tú eres fiel con quien es fiel,
    e irreprochable con quien es irreprochable.

2 SAMUEL 22:22–26

La justicia y el derecho son el fundamento de tu trono,
    y tus heraldos, el amor y la verdad.
Dichosos los que saben aclamarte, SEÑOR,
    y caminan a la luz de tu presencia

SALMO 89:14–15

Que el SEÑOR les muestre a ustedes su amor y fidelidad.

2 SAMUEL 2:6

Tu amor, SEÑOR, llega hasta los cielos;
    tu fidelidad alcanza las nubes.

SALMO 36:5

LA FIDELIDAD

———

Por tu fidelidad, Dios mío,
    te alabaré con instrumentos de cuerda;
te cantaré … salmos.

SALMO 71:22

¡Grande es su amor por nosotros!
    ¡La fidelidad del SEÑOR es eterna!

SALMO 117:2

SEÑOR, tú eres mi Dios;
    te exaltaré y alabaré tu nombre
    porque has hecho maravillas.
Desde tiempos antiguos
    tus planes son fieles y seguros.

ISAÍAS 25:1

«Yo, el SEÑOR, amo la justicia,
    pero odio el robo y la iniquidad.
En mi fidelidad … recompensaré [a mi pueblo]
    y haré con ellos un pacto eterno»,
[declara el Señor].

ISAÍAS 61:8

*Me alegré mucho cuando vinieron unos hermanos y
dieron testimonio de tu fidelidad, y de cómo estás*

LA FIDELIDAD

---

poniendo en práctica la verdad.

3 JUAN 3

[El Señor] te cubrirá con sus plumas
    y bajo sus alas hallarás refugio.
¡Su verdad será tu escudo y tu baluarte!

SALMO 91:4

Las obras de sus manos son fieles y justas;
    todos sus preceptos son dignos de confianza,
inmutables por los siglos de los siglos,
    establecidos con fidelidad y rectitud.

SALMO 111:7-8

Quiero inclinarme hacia tu santo templo
    y alabar tu nombre por tu gran amor y fidelidad.
Porque has exaltado tu nombre y tu palabra
    por sobre todas las cosas.

SALMO 138:2

Los que viven, y sólo los que viven, [oh Señor,]
    son los que te alaban,
    como hoy te alabo yo.
Todo padre hablará a sus hijos
    acerca de tu fidelidad.

ISAÍAS 38:19

LA FIDELIDAD

El fruto del Espíritu es amor, alegría, paz, paciencia, amabilidad, bondad, fidelidad, humildad y dominio propio.

GÁLATAS 6:22-23

Que nunca te abandonen el amor y la verdad:
    llévalos siempre alrededor de tu cuello
y escríbelos en el libro de tu corazón.

PROVERBIOS 3:3

Jesús llamó a doce hombres para que le siguieran. Se dice muy poco sobre lo que estos hombres debieron dejar atrás, pero … he aquí doce hombres que deben haberse cuestionado su cordura … haber dejado todo lo que resultaba cómodo, conocido y seguro para seguir a Jesús. Con claridad de rayo láser, el Maestro había iluminado sus almas inquisidoras.

El hecho de que usted decida ser un hombre de Dios en su hogar, en su ciudad o en su lugar de trabajo posiblemente no hará que gane comisiones inmediatas ni visibles. Es posible que deba enfrentar rechazo, alienación y soledad por causa de esta decisión. Habrá ocasiones en las que se preguntará si hizo lo correcto. Pero la promesa que Jesús nos hizo a usted y a mí es cierta: Lo que hoy vemos no es todo.

Algún día, por causa de esta sociedad con nuestro Salvador, nos «alegraremos y saltaremos de gozo.» Muchos han partido antes que nosotros; ellos tuvieron este mismo desconcierto, y como hoy están con su Padre celestial, han alcanzado satisfacción plena … por toda la eternidad.

LA PATERNIDAD

Aunque nuestros padres humanos nos disciplinaban, los respetábamos. ¿No hemos de someternos, con mayor razón, al Padre de los espíritus, para que vivamos? En efecto, nuestros padres nos disciplinaban por un breve tiempo, como mejor les parecía; pero Dios lo hace para nuestro bien, a fin de que participemos de su santidad.

HEBREOS 12:9-10

Cuando éramos menores, estábamos esclavizados por los principios de este mundo. Pero cuando se cumplió el plazo, Dios envió a su Hijo, nacido de una mujer, nacido bajo la ley, para rescatar a los que estaban bajo la ley, a fin de que fuéramos adoptados como hijos. Ustedes ya son hijos. Dios ha enviado a nuestros corazones el Espíritu de su Hijo, que clama: «¡Abba! ¡Padre!» Así que ya no eres esclavo sino hijo; y como eres hijo, Dios te ha hecho también heredero.

GÁLATAS 4:3-7

Saben … que a cada uno de ustedes lo hemos tratado como trata un padre a sus propios hijos. Los hemos animado, consolado y exhortado a llevar una vida digna de Dios, que los llama a su reino y a su gloria.

1 TESALONICENSES 2:11-12

LA PATERNIDAD

Padres, no hagan enojar a sus hijos, sino críenlos según la disciplina e instrucción del Señor.

EFESIOS 6:4

[Jesús dijo:] «¿Quién de ustedes que sea padre, si su hijo le pide un pescado, le dará en cambio una serpiente? ¿O si le pide un huevo, le dará un escorpión? Pues si ustedes, aun siendo malos, saben dar cosas buenas a sus hijos, ¡cuánto más el Padre celestial dará el Espíritu Santo a quienes se lo pidan!»

LUCAS 11:11–13

Ama al SEÑOR tu Dios con todo tu corazón y con toda tu alma y con todas tus fuerzas. Grábate en el corazón estas palabras que hoy te mando. Incúlcaselas continuamente a tus hijos. Háblales de ellas cuando estés en tu casa y cuando vayas por el camino, cuando te acuestes y cuando te levantes. Átalas a tus manos como un signo; llévalas en tu frente como una marca; escríbelas en los postes de tu casa y en los portones de tus ciudades.

DEUTERONOMIO 6:5–9

LA PATERNIDAD

He sido joven y ahora soy viejo,
>   pero nunca he visto justos en la miseria,
>   ni que sus hijos mendiguen pan.
Prestan siempre con generosidad;
>   sus hijos son una bendición.

SALMO 37:25–26

Mis labios pronunciarán parábolas
>   y evocarán misterios de antaño,
cosas que hemos oído y conocido,
>   y que nuestros padres nos han contado.
No las esconderemos de sus descendientes;
>   hablaremos a la generación venidera
del poder del SEÑOR, de sus proezas,
>   y de las maravillas que ha realizado.

SALMO 78:2–4

*Siempre que tengamos la oportunidad, hagamos bien a
todos, y en especial a los de la familia de la fe.*

GÁLATAS 6:10

El primer capítulo de Génesis contiene la historia de la creación. El Dios todopoderoso literalmente tomó la nada y de ella creó algo con el sonido de su voz. Hizo lo que hizo, le echó un buen vistazo, y le agradó. Lo interesante es que la Biblia confirma que Dios siguió observando, día tras día. Prestó atención.

La mayoría de los padres admiten sin vacilar que les queda mucho por aprender. Esta es una experiencia completamente nueva para nosotros, algo que no se incluyó en nuestra educación formal. De modo que vamos aprendiendo a medida que avanzamos. Descubrimos lo que da resultado y lo que no. Pero según el ejemplo de Dios, rara vez debiéramos afirmar: «A decir verdad, me tomó desprevenido», «¿Desde cuándo hace ella eso?» o «Supongo que no estaba prestando atención».

Nuestro desafío no es solo vivir con nuestra familia sino de veras estar presente. Entender nuestra tarea de padre es observar lo que sucede, no sucumbir a la tentación de pasar a lo que sigue sin mantener la vigilancia.

El patrón de Dios fue crear, observar y celebrar. Diría que ese es un buen modelo para imitar.

EL TEMOR

El SEÑOR es mi luz y mi salvación;
    ¿a quién temeré?
El SEÑOR es el baluarte de mi vida;
    ¿quién podrá amedrentarme?

SALMO 27:1

[Dios] ordenará que sus ángeles
    te cuiden en todos tus caminos.
Con sus propias manos te levantarán
    para que no tropieces con piedra alguna.
Aplastarás al león y a la víbora;
    ¡hollarás fieras y serpientes!
«Yo lo libraré, porque él se acoge a mí;
    lo protegeré, porque reconoce mi nombre.»

SALMO 91:11–14

*Ustedes no recibieron un espíritu que de nuevo los esclav-
ice al miedo, sino el Espíritu que los adopta como hijos.*

ROMANOS 8:15

*Dios no nos ha dado un espíritu de timidez, sino de
poder.*

2 TIMOTEO 1:7

«No temas, porque yo estoy contigo;
    no te angusties, porque yo soy tu Dios.

EL TEMOR

Te fortaleceré y te ayudaré;
te sostendré con mi diestra victoriosa»,
[dice el Señor].

ISAÍAS 41:10

*[Jesús dijo:] «No tengan miedo, mi rebaño pequeño,
porque es la buena voluntad del Padre darles el reino.»*

LUCAS 12:32

El Señor es quien me ayuda; no temeré.

HEBREOS 13:6

*Por la mañana, cuando el criado del hombre de Dios se
levantó para salir, vio que un ejército con caballos y
carros de combate rodeaba la ciudad.*
*—¡Ay, mi señor! —exclamó el criado—. ¿Qué vamos a
hacer?*
*—No tengas miedo —respondió Eliseo—. Los que
están con nosotros son más que ellos.*
*Entonces Eliseo oró: «SEÑOR, ábrele a Guiezi los ojos
para que vea.» El SEÑOR así lo hizo, y el criado vio que
la colina estaba llena de caballos y de carros de fuego
alrededor de Eliseo.*

2 REYES 6:15–17

EL TEMOR

En el amor no hay temor, sino que el amor perfecto echa fuera el temor.

1 JUAN 4:18

Al acostarte, no tendrás temor alguno;
    te acostarás y dormirás tranquilo.
No temerás ningún desastre repentino,
    ni la desgracia que sobreviene a los impíos.
Porque el SEÑOR estará siempre a tu lado
    y te librará de caer en la trampa.

PROVERBIOS 3:24–26

¿Quién nos apartará del amor de Cristo? ¿La tribulación, o la angustia, la persecución, el hambre, la indigencia, el peligro, o la violencia? … Sin embargo, en todo esto somos más que vencedores por medio de aquel que nos amó.

ROMANOS 8:35, 37

¡Sé fuerte y valiente! ¡No tengas miedo ni te desanimes! Porque el SEÑOR tu Dios te acompañará dondequiera que vayas.

JOSUÉ 1:9

Dios es nuestro amparo y nuestra fortaleza,
    nuestra ayuda segura en momentos de angustia.

EL TEMOR

Por eso, no temeremos
aunque se desmorone la tierra
y las montañas se hundan en el fondo del mar.

SALMO 46:1-2

Podrán desfallecer mi cuerpo y mi espíritu,
pero Dios fortalece mi corazón;
él es mi herencia eterna.

SALMO 73:26

*No tengan miedo ... Mantengan sus posiciones, que
hoy mismo serán testigos de la salvación que el SEÑOR
realizará en favor de ustedes.*

ÉXODO 14:13

Serás establecida en justicia;
lejos de ti estará la opresión,
y nada tendrás que temer;
el terror se apartará de ti,
y no se te acercará.

ISAÍAS 54:14

Aun cuando un ejército me asedie,
no temerá mi corazón;
aun cuando una guerra estalle contra mí,
yo mantendré la confianza.

SALMO 27:3

EL TEMOR

Aun si voy por valles tenebrosos,
    no temo peligro alguno.

SALMO 23:4

Si Dios está de nuestra parte, ¿quién puede estar en contra nuestra?

ROMANOS 8:31

El SEÑOR está conmigo, y no tengo miedo.

SALMO 118:6

Cuando siento miedo,
    pongo en ti mi confianza.

SALMO 56:3

Nos vimos acosados por todas partes; conflictos por fuera, temores por dentro. Pero Dios, que consuela a los abatidos, nos consoló.

2 CORINTIOS 7:5–6

PENSAMIENTO DEVOCIONAL SOBRE
EL TEMOR

Daniel fue valiente porque en todo momento había sido obediente a Dios, tanto en lo pequeño como en lo grande. De no haberse entrenado para obedecer a Dios todos los días diciendo siempre la verdad, realizando bien su trabajo y tratando a otros con amabilidad, probablemente se hubiera desmoronado al enterarse del decreto del rey que ordenaba adorarlo solo a él. Es probable que pensara: «Dios entenderá si no le oro por esta vez. Solo es por treinta días.»

Pero Daniel se negó a deshonrar a Dios. Al fin y al cabo, había visto cómo Dios rescató a Sadrac, Mesac y Abednego del horno en llamas. Daniel sabía que Dios se interesaba por él, y sabía que Dios cuida de sus hijos. De modo que se enfrentó con valor a lo que pudiera ser su muerte. ¿Y cómo le retribuyó Dios? Envió un ángel para cerrar la boca de esos leones.

El mismo Dios que protegió a Daniel de los leones está obrando hoy en nuestra vida. De modo que cuando se presenten las dificultades, haga lo que hizo Daniel: «se arrodilló y se puso a orar y alabar a Dios, pues tenía por costumbre orar tres veces al día» (Daniel 6:10).

EL PERDÓN

¡Dichosos aquellos
>   a quienes se les perdonan las transgresiones
>   y se les cubren los pecados!
¡Dichoso aquel
>   cuyo pecado el Señor no tomará en cuenta!

ROMANOS 4:7–8

*Cuando estén orando, si tienen algo contra alguien,
perdónenlo, para que también su Padre que está en el
cielo les perdone a ustedes sus pecados.*

MARCOS 11:25

Tan lejos de nosotros echó nuestras transgresiones
>   como lejos del oriente está el occidente.

SALMO 103:12

*Ustedes estaban muertos en sus pecados. Sin embargo,
Dios nos dio vida en unión con Cristo, al perdonarnos
todos los pecados y anular la deuda que teníamos pen-
diente por los requisitos de la ley. Él anuló esa deuda
que nos era adversa, clavándola en la cruz.*

COLOSENSES 2:13–14

*[Tolérense] unos a otros y [perdónense] si alguno tiene
queja contra otro. Así como el Señor los perdonó, perdo-*

———

nen también ustedes.

COLOSENSES 3:13

Vengan, pongamos las cosas en claro
—dice el SEÑOR—.
¿Son sus pecados como escarlata?
    ¡Quedarán blancos como la nieve!
¿Son rojos como la púrpura?
    ¡Quedarán como la lana!

ISAÍAS 1:18

*En [Cristo] tenemos la redención mediante su sangre, el
perdón de nuestros pecados, conforme a las riquezas de
la gracia que Dios nos dio en abundancia con toda
sabiduría y entendimiento.*

EFESIOS 1:7–8

*Él nos libró del dominio de la oscuridad y nos trasladó
al reino de su amado Hijo.*

COLOSENSES 1:13

Tú, Señor, eres bueno y perdonador;
    grande es tu amor por todos los que te invocan.

SALMO 86:5

EL PERDÓN

Aun cuando nos hemos rebelado contra ti, tú, Señor nuestro, eres un Dios compasivo y perdonador.

DANIEL 9:9

¿Qué Dios hay como tú,
  que perdone la maldad
  y pase por alto el delito
  del remanente de su pueblo?
No siempre estarás airado,
  porque tu mayor placer es amar.

MIQUEAS 7:18

Arrepiéntase y bautícese cada uno de ustedes en el nombre de Jesucristo para perdón de sus pecados … y recibirán el don del Espíritu Santo. En efecto, la promesa es para ustedes, para sus hijos y para todos los extranjeros, es decir, para todos aquellos a quienes el Señor nuestro Dios quiera llamar.

HECHOS 2:38–39

Eres lento para la ira y grande en amor, y … perdonas la maldad y la rebeldía.

NÚMEROS 14:18

EL PERDÓN

Perdónanos nuestra perversidad, [Señor,]
  y recíbenos con benevolencia,
pues queremos ofrecerte
  el fruto de nuestros labios.

OSEAS 14:2

Perdónanos nuestras deudas, como también nosotros
hemos perdonado a nuestros deudores. Y no nos
dejes caer en tentación, sino líbranos del maligno.

MATEO 6:12–13

Bendito sea el Señor, Dios de Israel,
  porque ha venido a redimir a su pueblo.

LUCAS 1:68

*Cuando se cumplió el plazo, Dios envió a su Hijo,
nacido de una mujer, nacido bajo la ley, para rescatar a
los que estaban bajo la ley, a fin de que fuéramos adoptados como hijos.*

GÁLATAS 4:4–5

Quien encubre su pecado jamás prospera;
  quien lo confiesa y lo deja, halla perdón.

PROVERBIOS 28:13

EL PERDÓN

Vuélvanse al SEÑOR su Dios,
    porque él es bondadoso y compasivo,
lento para la ira y lleno de amor,
    cambia de parecer y no castiga.

JOEL 2:13

Nuestros delitos nos abruman,
    pero tú los perdonaste.

SALMO 65:3

*Si perdonan a otros sus ofensas, también los perdonará
a ustedes su Padre celestial.*

MATEO 6:14

Dios los perdonó a ustedes en Cristo.

EFESIOS 4:32

*[Jesús dijo:] «Si tu hermano peca, repréndelo; y si se
arrepiente, perdónalo. Aun si peca contra ti siete veces
en un día, y siete veces regresa a decirte "Me arre-
piento", perdónalo.»*

LUCAS 17:3–4

*[El Señor dijo:] «Si mi pueblo, que lleva mi nombre, se
humilla y ora, y me busca y abandona su mala con-*

EL PERDÓN

---

*ducta, yo lo escucharé desde el cielo, perdonaré su
pecado y restauraré su tierra.»*

2 CRÓNICAS 7:14

Lávame de toda mi maldad
y límpiame de mi pecado[, oh Señor].

SALMO 51:2

*Eres Dios perdonador, clemente y compasivo, lento para
la ira y grande en amor.*

NEHEMÍAS 9:17

*A Dios le agradó habitar en él con toda su plenitud y,
por medio de él, reconciliar consigo todas las cosas,
tanto las que están en la tierra como las que están en el
cielo, haciendo la paz mediante la sangre que derramó
en la cruz.*

COLOSENSES 1:19-20

*Sus pecados han sido perdonados por el nombre de
Cristo.*

1 JUAN 2:12

*No amemos de palabra ni de labios para afuera, sino
con hechos y de verdad. En esto sabremos que somos de*

---

la verdad, y nos sentiremos seguros delante de él: que
aunque nuestro corazón nos condene, Dios es más
grande que nuestro corazón y lo sabe todo.

1 JUAN 3:18–20

[Jesús dijo:]
—Dos hombres le debían dinero a cierto prestamista.
Uno le debía quinientas monedas de plata, y el otro
cincuenta. Como no tenían con qué pagarle, les per-
donó la deuda a los dos. Ahora bien, ¿cuál de los dos lo
amará más?
—Supongo que aquel a quien más le perdonó —con-
testó Simón.
—Has juzgado bien —le dijo Jesús.

LUCAS 7:41–43

Si confesamos nuestros pecados, Dios, que es fiel y justo,
nos los perdonará y nos limpiará de toda maldad.

1 JUAN 1:9

PENSAMIENTO DEVOCIONAL SOBRE
EL PERDÓN

Rara vez se usaba la palabra «odiar» en nuestra casa. A edad muy temprana, nuestras hijas aprendieron que, a menos que se refirieran a monstruos o serpientes venenosas, no podían usar esta palabra.

Sin embargo, a pesar de esta regla de la casa que yo mismo me encargaba de hacer cumplir, hubo un objeto que durante mi época de crecimiento odié tanto como a los monstruos y a las serpientes venenosas. El objeto era un cuaderno de espiral, color negro y gris moteado, de unos veinte centímetros de ancho por veinticinco centímetros de largo, y cada una de mis maestras tenía uno sobre su escritorio. En la tapa y en letra de imprenta se leían las palabras: «Registro de estudiantes».

¿Por qué me producía una sensación tan intensa? Porque estos libros de registros contenían información confidencial acerca de mí. En ellos se anotaban cada tarea atrasada, cada calificación reprobada, cada incidente de mala conducta ... todo lo que yo no quería que nadie supiera.

El rey David llevó una vida repleta de atrasos, fracasos y mala conducta. Y conoció la sensación de tener todas estas anotaciones inscritas en forma indeleble en el registro público.

En vista de su disposición de confesar su pecado, no es de extrañarse que David haya escrito los versos de apertura del Salmo 32. ¿Acaso puede criticarlo por llamar «dichosos» a los que han recibido perdón? Es como si el detestado registro de alguna manera se hubiera deslizado por el precipicio del escritorio, cayendo en el bote de basura que luego se despachó al basural de la ciudad para ser incinerado.

Confiese sus pecados. Observe cómo los consume el fuego. Luego deléitese en el amor y el abrazo de su Maestro y Señor.

LA AMISTAD

Hay amigos que llevan a la ruina,
   y hay amigos más fieles que un hermano.

PROVERBIOS 18:24

Más valen dos que uno,
   porque obtienen más fruto de su esfuerzo.
Si caen, el uno levanta al otro.
   ¡Ay del que cae
   y no tiene quien lo levante!
Si dos se acuestan juntos,
   entrarán en calor;
   uno solo ¿cómo va a calentarse?
Uno solo puede ser vencido,
   pero dos pueden resistir.
¡La cuerda de tres hilos
   no se rompe fácilmente.

ECLESIASTÉS 4:9–12

Más confiable es el amigo que hiere
   que el enemigo que besa.

PROVERBIOS 27:6

El perfume y el incienso alegran el corazón;
   la dulzura de la amistad fortalece el ánimo.

PROVERBIOS 27:9

LA AMISTAD

———

Ámense los unos a los otros con amor fraternal, respetándose y honrándose mutuamente.

ROMANOS 12:10

Si vivimos en la luz, así como él está en la luz, tenemos comunión unos con otros.

1 JUAN 1:7

[Jesús dijo:] «Nadie tiene amor más grande que el dar la vida por sus amigos. Ustedes son mis amigos si hacen lo que yo les mando. Ya no los llamo siervos, porque el siervo no está al tanto de lo que hace su amo; los he llamado amigos, porque todo lo que a mi Padre le oí decir se lo he dado a conocer a ustedes.»

JUAN 15:13-15

En todo tiempo ama el amigo;
    para ayudar en la adversidad nació el hermano.

PROVERBIOS 17:17

Mi intercesor es mi amigo,
y ante él me deshago en lágrimas.

JOB 16:20

LA AMISTAD

El que ama la pureza de corazón y tiene gracia al hablar
tendrá por amigo al rey.

PROVERBIOS 22:11

Rut [le] respondió [a Noemí]:
—¡No insistas en que te abandone o en que me separe
de ti!
Rut le dijo a Noemí: «Porque iré adonde tú vayas, y
viviré donde tú vivas. Tu pueblo será mi pueblo, y tu
Dios será mi Dios. Moriré donde tú mueras, y allí seré
sepultada. ¡Que me castigue el SEÑOR con toda severi-
dad si me separa de ti algo que no sea la muerte!»

RUT 1:16-17

Pensamiento Devocional Sobre La Amistad

Jesús nos dice que amemos a todos, incluso a nuestros enemigos (Lucas 6:27, 35). Pero Proverbios 13:20 dice que para volvernos sabios, debemos andar con sabios. Si escogemos juntarnos con «necios», saldremos mal parados.

«Juntarnos» con alguien implica mucho más que conocerlo; esa persona llega a ser un amigo íntimo, un «compañero de viaje», incluso una pareja. Si escogemos juntarnos con personas que no aman a Dios o no se comportan de acuerdo con su Palabra, se nos dice claramente que nos meteremos directamente en problemas.

Como padres, nos toca la tarea de proteger a nuestros hijos para que no salgan mal parados. Por lo tanto debemos enseñarles a escoger sus amigos con sabiduría. Y esta lección tiene la misma importancia para nosotros que para nuestros hijos. Las personas con las que nos juntamos nos hacen más sabios o nos conducen en forma directa al peligro.

La Biblia no se contradice para nada en lo que respecta a este tema. Ame a su prójimo. Ame a su enemigo. Pero escoja sus amigos con cuidado.

La Generosidad

[Dios,] que le suple semilla al que siembra también le suplirá pan para que coma, aumentará los cultivos y hará que ustedes produzcan una abundante cosecha de justicia. Ustedes serán enriquecidos en todo sentido para que en toda ocasión puedan ser generosos, y para que por medio de nosotros la generosidad de ustedes resulte en acciones de gracias a Dios.

Esta ayuda que es un servicio sagrado no sólo suple las necesidades de los santos sino que también redunda en abundantes acciones de gracias a Dios. En efecto, al recibir esta demostración de servicio, ellos alabarán a Dios por la obediencia con que ustedes acompañan la confesión del evangelio de Cristo, y por su generosa solidaridad con ellos y con todos.

2 Corintios 9:10–13

Jesús se sentó frente al lugar donde se depositaban las ofrendas, y estuvo observando cómo la gente echaba sus monedas en las alcancías del templo. Muchos ricos echaban grandes cantidades. Pero una viuda pobre llegó y echó dos moneditas de muy poco valor.

Jesús llamó a sus discípulos y les dijo: «Les aseguro que esta viuda pobre ha echado en el tesoro más que todos los demás. Éstos dieron de lo que les sobraba; pero ella, de su pobreza, echó todo lo que tenía, todo su sustento.»

Marcos 12:41–44

LA GENEROSIDAD

Traigan íntegro el diezmo para los fondos del templo, y así habrá alimento en mi casa. Pruébenme en esto —dice el SEÑOR Todopoderoso—, y vean si no abro las compuertas del cielo y derramo sobre ustedes bendición hasta que sobreabunde.

MALAQUÍAS 3:10

Si ellos le obedecen y le sirven,
    pasan el resto de su vida en prosperidad,
pasan felices los años que les quedan.

JOB 36:11

Den, y se les dará: se les echará en el regazo una medida llena, apretada, sacudida y desbordante. Porque con la medida que midan a otros, se les medirá a ustedes.

LUCAS 6:38

Tiéndele la mano [a tu hermano pobre] y préstale generosamente lo que necesite. No seas mezquino sino generoso, y así el SEÑOR tu Dios bendecirá todos tus trabajos y todo lo que emprendas.

DEUTERONOMIO 15:8, 10

Acumulen para sí tesoros en el cielo, donde ni la polilla ni el óxido carcomen, ni los ladrones se meten a robar. Porque donde esté tu tesoro, allí estará también tu corazón.

MATEO 6:20-21

Hay más dicha en dar que en recibir.

HECHOS 20:35

No se olviden de hacer el bien y de compartir con otros lo que tienen, porque ésos son los sacrificios que agradan a Dios.

HEBREOS 13:16

El que siembra escasamente, escasamente cosechará, y el que siembra en abundancia, en abundancia cosechará. Cada uno debe dar según lo que haya decidido en su corazón, no de mala gana ni por obligación, porque Dios ama al que da con alegría. Y Dios puede hacer que toda gracia abunde para ustedes, de manera que siempre, en toda circunstancia, tengan todo lo necesario, y toda buena obra abunde en ustedes.

2 CORINTIOS 9:6-8

Dios no es injusto como para olvidarse de las obras y del amor que, para su gloria, ustedes han mostrado sirviendo a los santos, como lo siguen haciendo.

HEBREOS 6:10

LA GENEROSIDAD

[Jesús dijo:] «Quien dé siquiera un vaso de agua fresca a uno de estos pequeños por tratarse de uno de mis discípulos, les aseguro que no perderá su recompensa.»

MATEO 10:42

El que es generoso será bendecido,
     pues comparte su comida con los pobres.

PROVERBIOS 22:9

El que es generoso prospera.

PROVERBIOS 11:25

Servir al pobre es hacerle un préstamo al SEÑOR;
     Dios pagará esas buenas acciones.

PROVERBIOS 19:17

Si te dedicas a ayudar a los hambrientos
     y a saciar la necesidad del desvalido,
entonces brillará tu luz en las tinieblas,
     y como el mediodía será tu noche.
El SEÑOR te guiará siempre;
     te saciará en tierras resecas,
y fortalecerá tus huesos.
Serás como jardín bien regado,
     como manantial cuyas aguas no se agotan.

ISAÍAS 58:10-11

LA GENEROSIDAD

[Jesús dirá:] «Tuve hambre, y ustedes me dieron de comer; tuve sed, y me dieron de beber; fui forastero, y me dieron alojamiento; necesité ropa, y me vistieron; estuve enfermo, y me atendieron; estuve en la cárcel, y me visitaron.» Y le contestarán los justos: «Señor, ¿cuándo te vimos hambriento y te alimentamos, o sediento y te dimos de beber? ¿Cuándo te vimos como forastero y te dimos alojamiento, o necesitado de ropa y te vestimos? ¿Cuándo te vimos enfermo o en la cárcel y te visitamos?» El Rey les responderá: «Les aseguro que todo lo que hicieron por uno de mis hermanos, aun por el más pequeño, lo hicieron por mí.»

MATEO 25:35-40

Honra al SEÑOR con tus riquezas
    y con los primeros frutos de tus cosechas.
Así tus graneros se llenarán a reventar
    y tus bodegas rebosarán de vino nuevo.

PROVERBIOS 3:9-10

—No tengo plata ni oro —declaró Pedro—, pero lo que tengo te doy.

HECHOS 3:6

PENSAMIENTO DEVOCIONAL SOBRE LA GENEROSIDAD

Por increíble que parezca, mi abuelo nunca cerró con llave las puertas de su casa. «Si algún necesitado viene a nuestra casa, tienen a su disposición cualquier cosa que tengamos aquí», me dijo él. De niño, nunca vi que mi padre dejara pasar el plato de la ofrenda sin ponerle algo … aun estando de vacaciones. Sin duda él también quería que sus hijos fueran testigos de la satisfacción que produce dar.

Como había visto el modelo de esto y verdaderamente no conocía ningún otro modo de obrar, nuestras hijas le dirán que, gracias a su papá y a su abuelo, el padre de ellas hace lo mismo. Hay alegría en el simple acto de dar. La mayordomía se recompensa sola. Otra manera de decir esto sería que un hombre no se mide por cuánto tiene sino por cuánto da.

Los miembros de la iglesia primitiva sabían de esto. «Nadie consideraba suya ninguna de sus posesiones, sino que las compartían … no había ningún necesitado en la comunidad» (Hechos 4:32, 34). Los que habían sido bendecidos con posesiones no prestaban atención a su propio éxito sino que, con generosidad, daban de su buena fortuna a otros.

Los papás pueden ser los mejores maestros del tema de la generosidad. ¿Cuán generosos serán sus hijos?

EL CUIDADO DE DIOS

———

[Jesús dijo:] «Yo soy el buen pastor. El buen pastor da su vida por las ovejas.»

JUAN 10:11

Los justos claman, SEÑOR los oye;
    los libra de todas sus angustias.
El SEÑOR está cerca de los quebrantados de corazón,
    y salva a los de espíritu abatido.

SALMO 34:17-18

Fíjense en las aves del cielo: no siembran ni cosechan ni almacenan en graneros; sin embargo, el Padre celestial las alimenta. ¿No valen ustedes mucho más que ellas?

MATEO 6:26

[Jesús dijo:] «No tengan miedo, mi rebaño pequeño, porque es la buena voluntad del Padre darles el reino.»

LUCAS 12:32

SEÑOR, tú estableces la paz en favor nuestro,
    porque tú eres quien realiza todas nuestras obras.

ISAÍAS 26:12

EL CUIDADO DE DIOS

[Jesús dijo:] «Mis ovejas oyen mi voz; yo las conozco y ellas me siguen. Yo les doy vida eterna, y nunca perecerán, ni nadie podrá arrebatármelas de la mano. Mi Padre, que me las ha dado, es más grande que todos; y de la mano del Padre nadie las puede arrebatar.»

JUAN 10:27-29

Alaba, alma mía, al SEÑOR,
      y no olvides ninguno de sus beneficios.
Él perdona todos tus pecados
      y sana todas tus dolencias;
él rescata tu vida del sepulcro
      y te cubre de amor y compasión;
él colma de bienes tu vida
      y te rejuvenece como a las águilas.

SALMO 103:2-5

Los ojos de todos se posan en ti,
      y a su tiempo les das su alimento.
Abres la mano y sacias con tus favores
      a todo ser viviente.

SALMO 145:15-16

Bendito sea el Señor, nuestro Dios y Salvador,
      que día tras día sobrelleva nuestras cargas.

SALMO 68:19

EL CUIDADO DE DIOS

Tú, SEÑOR, me has brindado ayuda y consuelo.

SALMO 86:17

El SEÑOR te protegerá;
de todo mal protegerá tu vida.
El SEÑOR te cuidará en el hogar y en el camino,
de ahora y para siempre.

SALMO 121:7-8

[Jesús dijo:] «Les aseguro que estaré con ustedes siempre, hasta el fin del mundo.»

MATEO 28:20

El SEÑOR tu Dios está en medio de ti
como guerrero victorioso.
Se deleitará en ti con gozo,
te renovará con su amor,
se alegrará por ti con cantos.

SOFONÍAS 3:17

Como un pastor que cuida su rebaño,
recoge los corderos en sus brazos;
los lleva junto a su pecho,
y guía con cuidado a las recién paridas.

ISAÍAS 40:11

PENSAMIENTO DEVOCIONAL SOBRE
EL CUIDADO DE DIOS

———

Un verano estábamos recorriendo los castillos de Europa. Tenían una estructura increíble. Estando de pie en el patio de cierto palacio y mientras contemplaba el complicado trabajo en piedra, de repente caí en la cuenta de algo. Estas estructuras no eran meras casas lujosas; eran fortalezas, construidas para proteger a la familia de un rey o de un noble y a unos cientos de sus amigos más cercanos durante tiempos de hostilidad. Las paredes gruesas, las torres elevadas y los puentes levadizos no eran meras decoraciones.

Usted y yo vivimos en zona de guerra. Las fuerzas internas y externas que procuran tomarnos de rehén a nosotros y a nuestras familias son tan genuinas en la actualidad como los guerreros que alguna vez intentaron asediar a esos castillos europeos. Pero Dios ha levantado nuestros hogares para que sirvan de fortalezas; él los protege con sus propios soldados de infantería.

Cuando pasamos por alto el hecho de que estamos viviendo en zona de guerra, disminuye el valor de nuestro aprecio por la amante protección de Dios. Pero cuando de veras prestamos atención a esta verdad, nuestros corazones debieran llenarse de gratitud por sus alas, sus ojos, sus manos y sus ángeles incansables que montan guardia

LA ESPERANZA

¡Este Dios es nuestro Dios eterno!
¡Él nos guiará para siempre!

SALMO 48:14

Mis trajines y descansos los conoces;
todos mis caminos te son familiares.

SALMO 139:1, 3

Tú eres mi Dios y Salvador;
¡en ti pongo mi esperanza todo el día!

SALMO 25:5

Espera al SEÑOR.
Porque en él hay amor inagotable;
en él hay plena redención.

SALMO 130:7

*Hemos puesto nuestra esperanza en el Dios viviente,
que es el Salvador de todos, especialmente de los que
creen.*

1 TIMOTEO 4:10

Pon tu esperanza en el SEÑOR
desde ahora y para siempre.

SALMO 131:3

LA ESPERANZA

Si le entregas tu corazón
    y hacia él extiendes las manos...
Vivirás tranquilo, porque hay esperanza;
    estarás protegido y dormirás confiado.

JOB 11:13, 18

Sólo en Dios halla descanso mi alma;
    de él viene mi esperanza.

SALMO 62:5

Dulce sea la sabiduría a tu alma;
    si das con ella, tendrás buen futuro;
tendrás una esperanza que no será destruida.

PROVERBIOS 24:14

«Sabrás ... que yo soy el SEÑOR,
    y que no quedarán avergonzados
los que en mí confían», dice el Señor.

ISAÍAS 49:23

*Contra toda esperanza, Abraham creyó y esperó, y de
este modo llegó a ser padre de muchas naciones.*

ROMANOS 4:18

LA ESPERANZA

[La] esperanza no nos defrauda, porque Dios ha derramado su amor en nuestro corazón por el Espíritu Santo que nos ha dado.

ROMANOS 5:5

Ustedes creen en Dios, que ... resucitó y glorificó [a Jesús], de modo que su fe y su esperanza están puestas en Dios.

1 PEDRO 1:21

PENSAMIENTO DEVOCIONAL SOBRE LA ESPERANZA

Solo dos veces en la vida he intentado participar del fútbol organizado, pero según mi vivencia limitada, me ha tocado la experiencia de conocer la sensación que produce «la pila». Esto sucede cuando el que lleva la pelota es derribado y los que están más cerca de él, ya sean compañeros de equipo o jugadores del equipo contrario, se apilan como leña sobre el desafortunado jugador. Una regla del fútbol que se mantiene constante desde la escuela secundaria hasta las ligas profesionales es la siguiente: Cuando se acaba la jugada, no se puede agregar ningún jugador adicional a la pila. En otras palabras, nada de apilarse.

Al leer el libro de Job, uno se da cuenta que todas las personas que conocían a Job se habían apilado sobre él. Incluso hubo momentos en los que le pareció sentir el peso de Dios sobre la pila. Pero el versículo 19:25, «Yo sé que mi redentor vive», fue escrito en esta situación de aplastamiento.

Hay días en los que verdaderamente nos sentimos identificados con Job debajo de la pila. Sin embargo, el ánimo que proporcionan las Escrituras es sencillo. Sea cual fuere el peso, el dolor, la frustración, la imposibilidad de respirar por causa de la presión, nuestro Dios sigue en pie. Respire profundo. Levante la vista desde abajo del aplastamiento y regocíjese. Su redentor ha llegado.

LA IDENTIDAD

———

*[Dios] dijo: «Hagamos al ser humano a nuestra imagen
y semejanza. Que tenga dominio sobre los peces del mar,
y sobre las aves del cielo; sobre los animales domésticos,
sobre los animales salvajes, y sobre todos los reptiles que
se arrastran por el suelo.» Y Dios creó al ser humano a
su imagen; lo creó a imagen de Dios. Hombre y mujer
los creó.*

GÉNESIS 1:26–27

[Señor,] tú creaste mis entrañas;
    me formaste en el vientre de mi madre.
¡Te alabo porque soy una creación admirable!
    ¡Tus obras son maravillosas,
    y esto lo sé muy bien!

SALMO 139:13–14

«Antes de formarte en el vientre,
    ya te había elegido;
antes de que nacieras,
    ya te había apartado», dijo el Señor.

JEREMIAH 1:5

*¿Acaso no saben que su cuerpo es templo del Espíritu Santo,
quien está en ustedes y al que han recibido de parte de
Dios? Ustedes no son sus propios dueños; fueron comprados
por un precio. Por tanto, honren con su cuerpo a Dios.*

1 CORINTIOS 6:19–20

PENSAMIENTO DEVOCIONAL SOBRE
LA IDENTIDAD

Hay un aspecto de mi vida —y de la suya— en la que no hay necesidad de competir. Esta verdad se comunica con claridad en las palabras del llamammiento de Jeremías: «Antes de que nacieras, ya te había apartado» (Jeremías 1:5). En otras palabras, Dios le estaba diciendo a este profeta: «Tú eres único, Jeremías. No tengo moldes, ni plantillas. Puedes mirar a tu alrededor todo lo que quieras, pero eres el único igualito a ti.»

Le ruego que no pase por alto esta verdad fascinante: No existe competencia alguna en el plan de Dios para usted y para mí. Su llamado es tan individualizado como la huella dactilar de cada persona; no le pertenece a nadie más.

¿Significa esto que antes de que mis padres se conocieran, Dios tenía una obra específica que yo debía cumplir? Así es. ¿Y significa eso que si deseo descubrir la mayor alegría en la vida, es necesario que deje de fijarme en los demás y que procure con tenacidad descubrir la dirección singular de Dios para mí? Nuevamente, la respuesta es afirmativa.

¿Para qué lo ha llamado Dios? Sea lo que fuere, es un llamado exclusivo para usted. Este juego no es cuestión de ganar o de perder … solo es cuestión de obedecer.

LA INTEGRIDAD

Con tus buenas obras, da ... ejemplo en todo. Cuando enseñes, hazlo con integridad y seriedad, y con un mensaje sano e intachable.

TITO 2:7–8

El SEÑOR... se complace en los que actúan con lealtad.

PROVERBIOS 12:22

Dichoso aquel a quien su conciencia no lo acusa por lo que hace.

ROMANOS 14:22

Practicar la justicia y el derecho
 lo prefiere el SEÑOR a los sacrificios.

PROVERBIOS 21:3

Las pesas y las balanzas justas son del SEÑOR;
 todas las medidas son hechura suya.

PROVERBIOS 16:11

A mi hermano Jananí, que era un hombre fiel y temeroso de Dios como pocos, lo puse a cargo de Jerusalén, junto con Jananías, comandante de la ciudadela.

NEHEMÍAS 7:2

LA INTEGRIDAD

Procuramos hacer lo correcto, no sólo delante del Señor
sino también delante de los demás.

2 CORINTIOS 8:21

Obedezcan en todo a sus amos terrenales, no sólo
cuando ellos los estén mirando, como si ustedes
quisieran ganarse el favor humano, sino con integridad
de corazón y por respeto al Señor. Hagan lo que hagan,
trabajen de buena gana, como para el Señor y no como
para nadie en este mundo, conscientes de que el Señor
los recompensará con la herencia. Ustedes sirven a
Cristo el Señor.

COLOSENSES 3:22-24

A los justos los guía su integridad;
a los falsos los destruye su hipocresía.

PROVERBIOS 11:3

[Procuren] vivir en paz con todos, ... ocuparse de sus
propias responsabilidades y ... trabajar con sus propias
manos ... para que por su modo de vivir se ganen el
respeto de los que no son creyentes, y no tengan que
depender de nadie.

1 TESALONICENSES 4:11-12

LA INTEGRIDAD

———

Mantengan entre los incrédulos una conducta tan ejemplar que, aunque los acusen de hacer el mal, ellos observen las buenas obras de ustedes y glorifiquen a Dios en el día de la salvación.

1 PEDRO 2:12

¡El SEÑOR juzgará a los pueblos!
Júzgame, SEÑOR, conforme a mi justicia;
    págame conforme a mi inocencia.

SALMO 7:8

Quien se conduce con integridad, anda seguro;
    quien anda en malos pasos será descubierto.

PROVERBIOS 10:9

¡Ya se te ha declarado lo que es bueno!
    Ya se te ha dicho lo que de ti espera el SEÑOR:
Practicar la justicia,
    amar la misericordia,
    y humillarte ante tu Dios.

MIQUEAS 6:8

Yo sé, mi Dios, que tú pruebas los corazones y amas la rectitud.

1 CRÓNICAS 29:17

LA INTEGRIDAD

Sean mi protección la integridad y la rectitud,
> porque en ti he puesto mi esperanza...

Hazme justicia, SEÑOR,
> pues he llevado una vida intachable;
> ¡en el SEÑOR confío sin titubear!

Examíname, SEÑOR; ¡ponme a prueba!
> purifica mis entrañas y mi corazón.

Tu gran amor lo tengo presente,
> y siempre ando en tu verdad.

SALMO 25:21, 26:1-3

La justicia protege al que anda en integridad.

PROVERBIOS 13:6

El SEÑOR ... al íntegro le brinda su amistad.

PROVERBIOS 3:32

Procuro conservar siempre limpia mi conciencia delante de Dios y de los hombres.

HECHOS 24:16

LA INTEGRIDAD

────────

Consideren bien todo lo verdadero, todo lo respetable, todo lo justo, todo lo puro, todo lo amable, todo lo digno de admiración, en fin, todo lo que sea excelente o merezca elogio.

FILIPENSES 4:8

Manténganse firmes, ceñidos con el cinturón de la verdad, protegidos por la coraza de justicia, y calzados con la disposición de proclamar el evangelio de la paz.

EFESIOS 6:14–15

PENSAMIENTO DEVOCIONAL SOBRE LA INTEGRIDAD

El apóstol Pablo declaró: «Procuro conservar siempre limpia mi conciencia delante de Dios y de los hombres» (Hechos 24:16). Imagínese la valentía, la confianza y la seguridad personal que hizo falta para decir tal cosa ante las personas que lo acusaban.

¿Qué significa tener la conciencia limpia? Significa que puede decir con una expresión de tranquilidad en el rostro, «Hice todo lo que pude. No tengo pecados por confesar. Miren por donde quieran, pues no habrá sorpresas.»

Vivimos en una época en la que los hombres con sigilo se apresuran a ocultar su pasado. Cada día nos enteramos de otro cuya historia traicionera queda al descubierto.

¿Dónde están los Pablos? ¿Dónde están los hombres que viven con la conciencia limpia? ¿Acaso llevamos una vida que apenas va un paso adelante de la verdad de nuestro pasado, o descansamos porque no hemos ocultado ningún secreto?

Tal vez tenga algunas confesiones por presentar ... un expediente por limpiar. Pudieran producirse consecuencias. Pero se me ocurre que Pablo nos prometería que un alma justificada mediante la revelación plena, bien vale cualquier precio que debamos pagar. Sea cual fuere el costo, valdrá la pena.

LA ALEGRÍA

La luz se esparce sobre los justos,
    y la alegría sobre los rectos de corazón.

SALMO 97:11

Pondrá de nuevo risas en tu boca,
    y gritos de alegría en tus labios.

JOB 8:21

Toda una vida [dura la] bondad [de Dios].
Si por la noche hay llanto,
por la mañana habrá gritos de alegría.

SALMO 30:5

¡Alégrense, ustedes los justos;
    regocíjense en el SEÑOR!
¡canten todos ustedes,
    los rectos de corazón!

SALMO 32:11

Que se regocijen en el SEÑOR los justos;
    que busquen refugio en él;
        ¡que lo alaben todos los de recto corazón!

SALMO 64:10

Aclamen alegres al SEÑOR, habitantes de toda la tierra;
    adoren al SEÑOR con regocijo.
Preséntense ante él
    con cánticos de júbilo.

SALMO 100:1-2

LA ALEGRÍA

———

[Jesús dijo:] «Como el Padre me ha amado a mí, también yo los he amado a ustedes. Permanezcan en mi amor. Si obedecen mis mandamientos, permanecerán en mi amor, así como yo he obedecido los mandamientos de mi Padre y permanezco en su amor. Les he dicho esto para que tengan mi alegría y así su alegría sea completa.

JUAN 15:9-11

Que todos los que te buscan
    se alegren en ti y se regocijen;
que los que aman tu salvación digan siempre:
    «¡Sea Dios exaltado!»

SALMO 70:4

Volverán los rescatados del SEÑOR,
    y entrarán en Sión con cánticos de júbilo;
    su corona será el gozo eterno.
Se llenarán de regocijo y alegría,
    y se apartarán de ellos el dolor y los gemidos.

ISAÍAS 51:11

Pero que se alegren todos los que en ti buscan refugio;
    ¡que canten siempre jubilosos!
Extiende tu protección, y que en ti se regocijen
    todos los que aman tu nombre.

SALMO 5:11

La Alegría

Me regocijo en el camino de tus estatutos
más que en todas las riquezas.

SALMO 119:14

El que con lágrimas siembra,
con regocijo cosecha.

SALMO 126:5

El futuro de los justos es halagüeño.

PROVERBIOS 10:28

Ustedes saldrán con alegría
y serán guiados en paz.
A su paso, las montañas y las colinas
prorrumpirán en gritos de júbilo
y aplaudirán todos los árboles del bosque.

ISAÍAS 55:12

Regocíjense en el SEÑOR su Dios,
que a su tiempo les dará las lluvias de otoño.
Les enviará la lluvia,
la de otoño y la de primavera,
como en tiempos pasados.

JOEL 2:23

LA ALEGRÍA

Jesús dijo: «Hasta ahora no han pedido nada en mi nombre. Pidan y recibirán, para que su alegría sea completa.»

JUAN 16:24

Me has dado a conocer los caminos de la vida; me llenarás de alegría en tu presencia.

HECHOS 2:28

El reino de Dios … es … justicia, paz y alegría en el Espíritu Santo.

ROMANOS 14:17

Alégrense siempre en el Señor. Insisto: ¡Alégrense!

FILIPENSES 4:4

Estén siempre alegres.

1 TESALONICENSES 5:16

Que el Dios de la esperanza los llene de toda alegría y paz a ustedes que creen en él, para que rebosen de esperanza por el poder del Espíritu Santo.

ROMANOS 15:13

LA ALEGRÍA

El gozo del SEÑOR es nuestra fortaleza.

NEHEMÍAS 8:10

El SEÑOR ha hecho grandes cosas por nosotros,
    y eso nos llena de alegría.

SALMO 126:3

Dichosos ustedes cuando los odien, cuando los discrimi-
nen, los insulten y los desprestigien por causa del Hijo
del hombre. Alégrense en aquel día y salten de gozo,
pues miren que les espera una gran recompensa en el
cielo.

LUCAS 6:22-23

Los preceptos del SEÑOR son rectos:
    traen alegría al corazón.
El mandamiento del SEÑOR es claro:
    da luz a los ojos.

SALMO 19:8

Tus estatutos son mi herencia permanente;
    son el regocijo de mi corazón.

SALMO 119:111

Esperamos confiados en el SEÑOR;
    él es nuestro socorro y nuestro escudo.

LA ALEGRÍA

En él se regocija nuestro corazón,
porque confiamos en su santo nombre.

SALMO 33:20–21

Me deleito mucho en el SEÑOR;
me regocijo en mi Dios.
Porque él me vistió con ropas de salvación.

ISAÍAS 61:10

Mi corazón se alegra en el SEÑOR; en él radica mi poder.

1 SAMUEL 2:1

Mi alma glorifica al Señor, y mi espíritu se regocija en Dios mi Salvador.

LUCAS 1:46–47

Ustedes ... creen en [Cristo] y se alegran con un gozo indescriptible y glorioso.

1 PEDRO 1:8

¡Alegrémonos y regocijémonos y démosle gloria!
Ya ha llegado el día de las bodas del Cordero.
Su novia se ha preparado.

APOCALIPSIS 19:7

LA ALEGRÍA

———

Yo me regocijaré en el SEÑOR,
    ¡me alegraré en Dios, mi libertador!
El SEÑOR omnipotente es mi fuerza;
    da a mis pies la ligereza de una gacela
    y me hace caminar por las alturas.

HABACUC 3:18–19

Cada generación celebrará tus obras
    y proclamará tus proezas.
Se hablará del esplendor de tu gloria y majestad,
    y yo meditaré en tus obras maravillosas.
Se hablará del poder de tus portentos,
    y yo anunciaré la grandeza de tus obras.
Se proclamará la memoria de tu inmensa bondad,
    y se cantará con júbilo tu victoria.

SALMO 145:4–7

PENSAMIENTO DEVOCIONAL SOBRE
LA ALEGRÍA

La historia del carcelero filipense es una de las más extraordinarias en cuanto a cómo puede la gracia de Dios afectar a un padre. Este hombre se enfrentaba al trauma del fracaso laboral. A los carceleros no solo se los despedía cuando se escapaban prisioneros, sino que con frecuencia se les quitaba también la vida. Pablo y Silas le gritaron al carcelero, que estaba a punto de clavarse su espada: «¡No te hagas ningún daño! ¡Todos estamos aquí!» (Hechos 16:28). Completamente abrumado por este acto de misericordia, el carcelero cayó de rodillas a los pies de sus presos. «Señores», exclamó, «¿qué tengo que hacer para ser salvo?» (Hechos 16:30).

Esa noche, al carcelero no solo se lo condujo a una relación con Dios, sino que también invitó a Pablo y a Silas a su hogar. Como consecuencia de esto, el carcelero «se alegró mucho junto con toda su familia por haber creído en Dios» (Hechos 16:34).

Confiese su pecado, disfrute de su gracia, luego permita que su experiencia con Cristo invada su familia. Que traiga alegría a su hogar.

LA AMABILIDAD

———

Bien le va al que presta con generosidad,
   y maneja sus negocios con justicia.

SALMO 112:5

¡Dichoso el que se compadece de los pobres!

PROVERBIOS 14:21

*Al que te pida, dale; y al que quiera tomar de ti
prestado, no le vuelvas la espalda.*

MATEO 5:42

*[Jesús dijo:] «Vengan ustedes, a quienes mi Padre ha
bendecido; reciban su herencia, el reino preparado para
ustedes desde la creación del mundo. Porque tuve hambre, y ustedes me dieron de comer; tuve sed, y me dieron
de beber; fui forastero, y me dieron alojamiento; necesité ropa, y me vistieron; estuve enfermo, y me
atendieron; estuve en la cárcel, y me visitaron.»*

MATEO 25:34–36

El amor es ... bondadoso.

1 CORINTIOS 13:4

LA AMABILIDAD

---

*Ayúdense unos a otros a llevar sus cargas, y así
cumplirán la ley de Cristo.*

GÁLATAS 6:2

*Siempre que tengamos la oportunidad, hagamos bien a
todos.*

GÁLATAS 6:10

*Como escogidos de Dios, santos y amados, revístanse de
afecto entrañable y de bondad, humildad, amabilidad
y paciencia.*

COLOSENSES 3:12

*Esfuércense por añadir a su fe, virtud; a su virtud,
entendimiento … afecto fraternal; y al afecto fraternal,
amor. Porque estas cualidades, si abundan en ustedes,
les harán crecer en el conocimiento de nuestro Señor
Jesucristo, y evitarán que sean inútiles e improductivos.*

2 PEDRO 1:5, 7–8

*Si alguien que posee bienes materiales ve que su her-
mano está pasando necesidad, y no tiene compasión de
él, ¿cómo se puede decir que el amor de Dios habita en
él? Queridos hijos, no amemos de palabra ni de labios
para afuera, sino con hechos y de verdad.*

1 JUAN 3:17–18

LA AMABILIDAD

Rut se inclinó hacia la tierra, se postró sobre su rostro y exclamó:

—¿Cómo es que le he caído tan bien a usted, hasta el punto de fijarse en mí, siendo sólo una extranjera?

—Ya me han contado —le respondió Booz— todo lo que has hecho por tu suegra desde que murió tu esposo; cómo dejaste padre y madre, y la tierra donde naciste, y viniste a vivir con un pueblo que antes no conocías. ¡Que el SEÑOR te recompense por lo que has hecho! Que el SEÑOR, Dios de Israel, bajo cuyas alas has venido a refugiarte, te lo pague con creces.

RUT 2:10-12

El fruto del Espíritu es amor, alegría, paz, paciencia, amabilidad, bondad, fidelidad.

GÁLATAS 5:22

Cuando se manifestaron la bondad y el amor de Dios nuestro Salvador, él nos salvó, no por nuestras propias obras de justicia sino por su misericordia.

TITO 3:4-5

Jesús dijo: «Quien dé siquiera un vaso de agua fresca a uno de estos pequeños por tratarse de uno de mis discípulos, les aseguro que no perderá su recompensa.»

MATEO 10:42

PENSAMIENTO DEVOCIONAL SOBRE LA AMABILIDAD

¿Alguna vez intentó compadecerse de un niño que se había raspado la rodilla sin agacharse para ponerse a su nivel? Claro que tal cosa es imposible. Si el niño no ve la comprensión en su rostro, y si no lo ve a su propia altura, ese niño no podrá aceptar su consuelo.

El salmista David observó que Dios demostraba este tipo de cuidado para con sus hijos. David lo llamó «compasión». Dios el Padre hace pausas en su programa apretado —debe mantener a las estrellas y a los planetas en su curso establecido, hacer crecer alimentos para un mundo hambriento— para bajar hasta nuestro nivel y mostrar compasión a sus hijos golpeados y amoratados.

Usted es un hombre ocupado. Hay lugares donde debe ir, gente con la que se debe encontrar, negocios que debe concretar. Pero nuestro atareado Padre celestial, el creador del universo, tiene compasión. Nunca está demasiado ocupado para hacer una pausa, nunca es demasiado orgulloso para descender hasta nuestro nivel. Menos mal. ¿De qué otra manera nos sería posible ver su rostro?

Observe con cuidado; este Padre tiene mucho amor. Él se detiene, luego se agacha. Supongo que si él puede hacerlo, también lo podemos hacer nosotros.

EL AMOR

[Jesús dijo:] «Éste es mi mandamiento: que se amen los unos a los otros, como yo los he amado.»

JUAN 15:12

Ámense los unos a los otros con amor fraternal, respetándose y honrándose mutuamente.

ROMANOS 12:10

Sírvanse unos a otros con amor.

GÁLATAS 5:13

Dios mismo les ha enseñado a amarse unos a otros.

1 TESALONICENSES 4:9

¡Cuán bueno y cuán agradable es
   que los hermanos convivan en armonía!

SALMO 133:1

Lleven una vida de amor, así como Cristo nos amó y se entregó por nosotros como ofrenda y sacrificio fragante para Dios.

EFESIOS 5:2

Que el Señor los haga crecer para que se amen más y más unos a otros, y a todos.

1 TESALONICENSES 3:12

EL AMOR

Sigan amándose unos a otros.

HEBREOS 13:1

Vivan en armonía los unos con los otros; compartan penas y alegrías, practiquen el amor fraternal, sean compasivos y humildes.

1 PEDRO 3:8

El amor no perjudica al prójimo. Así que el amor es el cumplimiento de la ley.

ROMANOS 13:10

El amor [brota] de un corazón limpio, de una buena conciencia y de una fe sincera.

1 TIMOTEO 1:5

Como escogidos de Dios, santos y amados, revístanse de afecto entrañable y de bondad, humildad, amabilidad y paciencia ... Por encima de todo, vístanse de amor, que es el vínculo perfecto.

COLOSENSES 3:12, 14

Hagan todo con amor.

1 CORINTIOS 16:14

Ni las muchas aguas pueden apagarlo,
    ni los ríos pueden extinguirlo.
Si alguien ofreciera todas sus riquezas
    a cambio del amor,
        sólo conseguiría el desprecio.

CANTARES 8:7

[Jesús dijo:] «Ustedes han oído que se dijo: "Ama a tu prójimo y odia a tu enemigo." Pero yo les digo: Amen a sus enemigos y oren por quienes los persiguen.»

MATEO 5:43–44

No tengan deudas pendientes con nadie, a no ser la de amarse unos a otros.

ROMANOS 13:8

En esto consiste el amor: en que pongamos en práctica [los] mandamientos [de Dios]. Y éste es el mandamiento: que vivan en este amor,

2 JUAN 6

¡Fíjense qué gran amor nos ha dado el Padre, que se nos llame hijos de Dios! ¡Y lo somos!

1 JUAN 3:1

EL AMOR

Bendito sea el SEÑOR,
>pues mostró su gran amor por mí.

SALMO 31:21

>¡Cuán precioso, oh Dios, es tu gran amor!
Todo ser humano halla refugio
>a la sombra de tus alas.

SALMO 36:7

Oh SEÑOR, por siempre cantaré
>la grandeza de tu amor;
por todas las generaciones
>proclamará mi boca tu fidelidad.

SALMO 89:1

Dios demuestra su amor por nosotros en esto: en que cuando todavía éramos pecadores, Cristo murió por nosotros.

ROMANOS 5:8

Pido que, arraigados y cimentados en amor, puedan comprender, junto con todos los santos, cuán ancho y largo, alto y profundo es el amor de Cristo.

EFESIOS 3:17-18

EL AMOR

———

Amémonos los unos a los otros, porque el amor viene de Dios, y todo el que ama ha nacido de él y lo conoce. El que no ama no conoce a Dios, porque Dios es amor.

1 JUAN 4:7-8

Si hablo en lenguas humanas y angelicales, pero no tengo amor, no soy más que un metal que resuena o un platillo que hace ruido. Si tengo el don de profecía y entiendo todos los misterios y poseo todo conocimiento, y si tengo una fe que logra trasladar montañas, pero me falta el amor, no soy nada. Si reparto entre los pobres todo lo que poseo, y si entrego mi cuerpo para que lo consuman las llamas, pero no tengo amor, nada gano con eso. El amor es paciente, es bondadoso. El amor no es envidioso ni jactancioso ni orgulloso. No se comporta con rudeza, no es egoísta, no se enoja fácilmente, no guarda rencor. El amor no se deleita en la maldad sino que se regocija con la verdad. Todo lo disculpa, todo lo cree, todo lo espera, todo lo soporta. El amor jamás se extingue.

1 CORINTIOS 13:1-8

Lo que vale es la fe que actúa mediante el amor.

GÁLATAS 5:6

EL AMOR

Dios, que es rico en misericordia, por su gran amor por nosotros, nos dio vida con Cristo, aun cuando estábamos muertos en pecados.

EFESIOS 2:4-5

En esto consiste el amor: no en que nosotros hayamos amado a Dios, sino en que él nos amó y envió a su Hijo para que fuera ofrecido como sacrificio por el perdón del nuestros pecados.

1 JUAN 4:10

Ahora que se han purificado obedeciendo a la verdad y tienen un amor sincero por sus hermanos, ámense de todo corazón los unos a los otros.

1 PEDRO 1:22

Nadie ha visto jamás a Dios, pero si nos amamos los unos a los otros, Dios permanece entre nosotros, y entre nosotros su amor se ha manifestado plenamente.

1 JUAN 4:12

Tanto amó Dios al mundo, que dio a su Hijo unigénito, para que todo el que cree en él no se pierda, sino que tenga vida eterna.

JUAN 3:16

EL AMOR

En esto conocemos lo que es el amor: en que Jesucristo entregó su vida por nosotros. Así también nosotros debemos entregar la vida por nuestros hermanos.

1 JUAN 3:16

Ámense los unos a los otros profundamente, porque el amor cubre multitud de pecados.

1 PEDRO 4:8

PENSAMIENTO DEVOCIONAL SOBRE
EL AMOR

Hoy escucharemos que se pronuncie la palabra amor. Incluso es posible que la digamos nosotros. Para que no releguemos esta palabra a una tarjeta barata de saludo afectuoso o a un adolescente vacilante que expresa su amor en una nota, es necesario que tengamos presente el poder inconfundible del amor.

La frase «Te amo» le cambió la vida. Antes era un hombre soltero, con la libertad de obrar según su voluntad; «Te amo» lo unió inextricablemente a una mujer por el resto de su vida. «Te amo» le dio un hijo, una personita que incesantemente observa todo lo que hace, haciendo que usted mantenga su línea de conducta.

«Te amo» abrió la mano de nuestro Padre celestial para recibirnos —a pesar de que éramos pecadores— junto a él. «Te amo» nos dio a Jesús, que soportó la cruz por esos pecados.

«Te amo» tiene que ver con las cosas serias de la vida. Su impacto cambia a las personas. Su poder las aleja de su estado de complacencia. Les altera los planes. Las deja sin palabras.

Usted ama a su familia. Su familia lo ama a usted. El amor cambia todo.

EL MATRIMONIO

El esposo debe amar a su esposa como a su propio cuerpo. El que ama a su esposa se ama a sí mismo, pues nadie ha odiado jamás a su propio cuerpo; al contrario, lo alimenta y lo cuida, así como Cristo hace con la iglesia, porque somos miembros de su cuerpo. «Por eso dejará el hombre a su padre y a su madre, y se unirá a su esposa, y los dos llegarán a ser un solo cuerpo.»

EFESIOS 5:28–31

Grábame como un sello sobre tu corazón;
 llévame como una marca sobre tu brazo.
Fuerte es el amor, como la muerte,
 y tenaz la pasión, como el sepulcro.
Como llama divina
 es el fuego ardiente del amor.
Ni las muchas aguas pueden apagarlo,
 ni los ríos pueden extinguirlo.
Si alguien ofreciera todas sus riquezas
 a cambio del amor,
 sólo conseguiría el desprecio.

CANTARES 8:6–7

Toda tú eres bella, amada mía;
 no hay en ti defecto alguno…
Cautivaste mi corazón,
 hermana y novia mía,

---

con una mirada de tus ojos;
con una vuelta de tu collar
cautivaste mi corazón.
¡Cuán delicioso es tu amor,
hermana y novia mía!
¡Más agradable que el vino es tu amor,
y más que toda especia
la fragancia de tu perfume!

CANTARES 4:7, 9-10

Goza de la vida con la mujer amada...
ECLESIASTÉS 9:9

Mujer ejemplar, ¿dónde se hallará?
¡Es más valiosa que las piedras preciosas!
Su esposo confía plenamente en ella
y no necesita de ganancias mal habidas.
Ella le es fuente de bien, no de mal,
todos los días de su vida…
Sus hijos se levantan y la felicitan;
también su esposo la alaba:
«Muchas mujeres han realizado proezas,
pero tú las superas a todas.»

PROVERBIOS 31:10-12, 28-29

EL MATRIMONIO

¡Levántate, amada mía;
  ven conmigo, mujer hermosa!
¡Mira, el invierno se ha ido,
  y con él han cesado y se han ido las lluvias!
Ya brotan flores en los campos;
  ¡el tiempo de la canción ha llegado!
Ya se escucha por toda nuestra tierra
  el arrullo de las tórtolas.

CANTARES 2:10-12

PENSAMIENTO DEVOCIONAL SOBRE
EL MATRIMONIO

¿Recuerda usted su primer amor? ¿Recuerda cómo «sin querer» permitió que su mano rozara la de ella, con la esperanza de que ella no se resistiera? ¿Recuerda haber juntado el coraje suficiente para besar a una muchacha por primera vez? ¿Y qué me cuenta de la emoción de cortejar a la mujer que habría de convertirse en su esposa?

Aun cuando las tiernas palabras de amor que solía pronunciar hayan quedado eclipsadas por las conversaciones con respecto a horarios, turnos para transportar a los niños y la basura de la cocina, su esposa sigue necesitando el romance de su primer abrazo.

Haga algo hoy que lo haga retroceder a esos días de amor escolar. Sea atrevido. Dele con generosidad algo que ella no se espera. Nunca se sabe cuándo sonará el timbre poniendo fin a este momento dorado de oportunidad. El recreo nunca dura lo suficiente.

EL DINERO

Quien ahorra, poco a poco se enriquece.

PROVERBIOS 13:11

Puedes ponerte a la sombra de la sabiduría o a la sombra del dinero, pero la sabiduría tiene la ventaja de dar vida a quien la posee.

ECLESIASTÉS 7:12

A los ricos de este mundo, mándales que no sean arrogantes ni pongan su esperanza en las riquezas, que son tan inseguras, sino en Dios, que nos provee de todo en abundancia para que lo disfrutemos. Mándales que hagan el bien, que sean ricos en buenas obras, y generosos, dispuestos a compartir lo que tienen. De este modo atesorarán para sí un seguro caudal para el futuro y obtendrán la vida verdadera.

1 TIMOTEO 6:17-19

[Jesús dijo:] «Nadie puede servir a dos señores, pues menospreciará a uno y amará al otro, o querrá mucho a uno y despreciará al otro. No se puede servir a la vez a Dios y a las riquezas.»

MATEO 6:24

EL DINERO

[Jesús dijo:] «No acumulen para sí tesoros en la tierra, donde la polilla y el óxido destruyen, y donde los ladrones se meten a robar. Más bien, acumulen para sí tesoros en el cielo, donde ni la polilla ni el óxido carcomen, ni los ladrones se meten a robar.»

MATEO 6:19–20

Manténganse libres del amor al dinero, y conténtense con lo que tienen.

HEBREOS 13:5

Recuerda al SEÑOR tu Dios, porque es él quien te da el poder para producir … riqueza; así ha confirmado hoy el pacto que bajo juramento hizo con tus antepasados.

DEUTERONOMIO 8:18

Dios les proveerá de todo lo que necesiten, conforme a las gloriosas riquezas que tiene en Cristo Jesús.

FILIPENSES 4:19

El que es honrado en lo poco, también lo será en lo mucho.

LUCAS 16:10

EL DINERO

———

Inclina mi corazón hacia tus estatutos
   y no hacia las ganancias desmedidas.

SALMO 119:36

[Válganse] de las riquezas mundanas para ganar ami-
gos, a fin de que cuando éstas se acaben haya quienes los
reciban a ustedes en las viviendas eternas.

LUCAS 16:9

«¿Por qué gastan dinero en lo que no es pan,
   y su salario en lo que no satisface?
Escúchenme bien, y comerán lo que es bueno,
   y se deleitarán con manjares deliciosos»,
[declara el Señor].

ISAÍAS 55:2

PENSAMIENTO DEVOCIONAL SOBRE
EL DINERO

Diezmo es una palabra que significa dar el diez por ciento de sus ingresos para extender la obra de Dios en el mundo. Al diezmar, le mostramos a Dios que estamos agradecidos por las bendiciones que nos ha dado. Cuando diezmamos, también reconocemos que de todos modos a Dios le pertenece todo lo que tenemos y que deseamos honrarlo devolviéndole una parte.

El diezmo forma parte del plan de Dios para mantener a su iglesia en orden. Nuestros diezmos se usan para pagar el salario del personal, cubrir las cuentas de la iglesia y para ayudar a otros que están necesitados. Para Dios es importante que lo honremos con nuestras finanzas. A través del profeta Malaquías, el Señor les dijo a los israelitas que fueran fieles en dar el diezmo. «Pruébenme en esto», dijo el Señor, «y vean si no abro las compuertas del cielo y derramo sobre ustedes bendición hasta que sobreabunde» (Malaquías 3:10).

Y una cosa más … no honramos a Dios para que él nos honre a nosotros. Lo honramos porque él es Dios, y se lo merece. Fíjese cuánto le ha bendecido ya, luego considere cuánto de lo que es suyo proviene de la mano de Dios.

LA OBEDIENCIA

Cuando amamos a Dios y cumplimos sus mandamientos, sabemos que amamos a los hijos de Dios. En esto consiste el amor a Dios: en que obedezcamos sus mandamientos. Y éstos no son difíciles de cumplir.

1 JUAN 5:2-3

Sólo al SEÑOR nuestro Dios serviremos, y sólo a él obedeceremos.

JOSUÉ 24:24

Dios dijo: «Si andas por mis sendas y obedeces mis decretos y mandamientos … te daré una larga vida.

1 REYES 3:14

Me he puesto a pensar en mis caminos,
    y he orientado mis pasos hacia tus estatutos.
Me doy prisa, no tardo nada
    para cumplir tus mandamientos.

SALMO 119:59-60

El que obedece sus mandamientos permanece en Dios, y Dios en él. ¿Cómo sabemos que él permanece en nosotros? Por el Espíritu que nos dio.

1 JUAN 3:24

LA OBEDIENCIA

Todas las sendas del SEÑOR son amor y verdad
   para quienes cumplen los preceptos de su pacto.

SALMO 25:10

Aparto mis pies de toda mala senda
   para cumplir con tu palabra.

SALMO 119:101

El amor del SEÑOR es eterno
   y siempre está con los que le temen;
su justicia está con los hijos de sus hijos,
   con los que cumplen su pacto
y se acuerdan de sus preceptos
   para ponerlos por obra.

SALMO 103:17–18

*El amor de Dios se manifiesta plenamente en la vida
del que obedece su palabra.*

1 JUAN 2:5

Dichosos los que guardan sus estatutos
   y de todo corazón lo buscan.
Jamás hacen nada malo,
   sino que siguen los caminos de Dios.

SALMO 119:2–3

LA OBEDIENCIA

El que cumple el mandamiento cumple consigo mismo.

PROVERBIOS 19:16

«Obedézcanme. Así yo seré su Dios, y ustedes serán mi pueblo. Condúzcanse conforme a todo lo que yo les ordene, a fin de que les vaya bien»[, dice el Señor].

JEREMÍAS 7:23

[Jesús dijo:] «El que me ama, obedecerá mi palabra, y mi Padre lo amará, y haremos nuestra vivienda en él.»

JUAN 14:23

Obedezcan a sus dirigentes y sométanse a ellos, pues cuidan de ustedes como quienes tienen que rendir cuentas. Obedézcanlos a fin de que ellos cumplan su tarea con alegría y sin quejarse.

HEBREOS 13:17

Amar [a Dios] con todo el corazón, con todo el entendimiento y con todas las fuerzas, y amar al prójimo como a uno mismo, es más importante que todos los holocaustos y sacrificios.

MARCOS 12:33

PENSAMIENTO DEVOCIONAL SOBRE LA OBEDIENCIA

Dios se presentó con una tarea que parecía cruel. «Mata a tu hijo», le dijo Dios a un Abraham atónito. «Preséntamelo como sacrificio.» ¡Qué incomprensible resultaba ese pedido! Pero el papá de Isaac estaba dispuesto a obedecer a su Padre celestial, sin importar cuál fuera el mensaje. Ya antes había obrado por fe, y lo volvería a hacer en esta ocasión.

La historia de la disposición de Abraham de sacrificar a su hijo no solo tiene que ver con el increíble vínculo entre el corazón de un padre y su hijo. También se trata de un hombre que sabía que la obediencia era más importante que las pérdidas potenciales incurridas en el sacrificio.

La historia de la Biblia está llena de este principio: Si desea entrar a la presencia de Dios, todo lo demás —incluyendo su posesión más preciada— debe ser ofrecido a Dios. Un suplente no era suficiente. Tan firme se mantuvo Dios respecto de este principio que estaba dispuesto a poner a su propio Hijo intachable sobre el altar.

Abraham es un gran ejemplo para nosotros. Él también hubiera querido que aprendiéramos: Dios debe ocupar el primer lugar; cuando escucho su voz, debo obedecer. Es lo único que importa.

LA PACIENCIA

Espero al SEÑOR, lo espero con toda el alma;
   en su palabra he puesto mi esperanza.
Espero al SEÑOR con toda el alma,
   más que los centinelas la mañana.

SALMO 130:5-6

Guarda silencio ante el SEÑOR,
   y espera en él con paciencia;

SALMO 37:7

Todos deben estar listos para escuchar, y ser lentos para
hablar y para enojarse;

SANTIAGO 1:19

Vale más la paciencia
   que la arrogancia

ECLESIASTÉS 7:8

Bueno es esperar calladamente
   a que el SEÑOR venga a salvarnos.

LAMENTACIONES 3:26

Pon tu esperanza en el SEÑOR;
   ten valor, cobra ánimo;
¡pon tu esperanza en el SEÑOR!

SALMO 27:14

LA PACIENCIA

———

En ti esperamos, SEÑOR,
    y en la senda de tus juicios;
tu nombre y tu memoria
    son el deseo de nuestra vida.

ISAÍAS 26:8

*Alégrense en la esperanza, muestren paciencia en el
sufrimiento, perseveren en la oración.*

ROMANOS 12:12

*Si esperamos lo que todavía no tenemos, en la espera
mostramos nuestra constancia.*

ROMANOS 8:25

*Miren cómo espera el agricultor a que la tierra dé su
precioso fruto y con qué paciencia aguarda las tempo-
radas de lluvia. Así también ustedes, manténganse
firmes y aguarden con paciencia la venida del Señor,
que ya se acerca.*

SANTIAGO 5:7-8

El amor es paciente

1 CORINTIOS 13:4

LA PACIENCIA

[Sean] siempre humildes y amables, pacientes, tolerantes unos con otros en amor.

EFESIOS 4:2

Pedimos que Dios les haga conocer plenamente su voluntad con toda sabiduría y comprensión espiritual para que vivan de manera digna del Señor, agradándole en todo. Esto implica dar fruto en toda buena obra, crecer en el conocimiento de Dios y ser fortalecidos en todo sentido con su glorioso poder. Así perseverarán con paciencia en toda situación.

COLOSENSES 1:9–11

Esmérate en seguir la justicia, la piedad, la fe, el amor, la constancia y la humildad.

1 TIMOTEO 6:11

Tú, Señor, eres Dios clemente y compasivo,
    lento para la ira, y grande en amor y verdad.

SALMO 86:15

El Señor no tarda en cumplir su promesa, según entienden algunos la tardanza. Más bien, él tiene paciencia con ustedes, porque no quiere que nadie perezca sino que todos se arrepientan.

2 PEDRO 3:9

Qué bueno sería poder leer del diario náutico de Noé, ¿no le parece? Tal vez en el primer día se leería: «Dios, de verdad cumpliste tu promesa. Gracias por darme la fortaleza para obedecer. Gracias por ser tan fiel.» Pero al llegar al día 173 se hubiera leído algo un poco diferente: «Bueno, Dios, ya me harté. Esta es la experiencia más desdichada de mi vida. ¿Estás ahí? ¿Me escuchas?»

¿A usted le ha tocado estar en ese lugar? ¿Hizo alguna vez algo radical —mudarse con su familia a una ciudad nueva o cambiar de trabajo— creyendo sinceramente que Dios quería que lo hiciera, para luego encontrarse sumido en depresión? Yo también lo he pasado.

Pues bien, somos unos cuantos: Noé, Abraham, Jacob, David, Job. Estos hombres escucharon la voz de Dios, creyeron la promesa, luego tuvieron que esperar. Y esperar. Y esperar un poco más.

¿Está esperando algo que a su parecer Dios ya le tendría que haber entregado: satisfacción en el trabajo, sanidad de una enfermedad, reconciliación con un amigo? La Biblia nos da la seguridad de que, en cada caso, a su manera, la promesa de Dios se cumplió. Los que debieron esperar, no esperaron en vano. Aprópiese hoy de esa promesa.

PALABRAS DE VIDA SOBRE

LA PAZ

Que el Señor de paz les conceda su paz siempre y en todas las circunstancias. El Señor sea con todos ustedes.

2 TESALONICENSES 3:16

SEÑOR, tú estableces la paz en favor nuestro,
    porque tú eres quien realiza todas nuestras obras.

ISAÍAS 26:12

Que gobierne en sus corazones la paz de Cristo, a la cual fueron llamados en un solo cuerpo.

COLOSENSES 3:15

No se inquieten por nada; más bien, en toda ocasión, con oración y ruego, presenten sus peticiones a Dios y denle gracias. Y la paz de Dios, que sobrepasa todo entendimiento, cuidará sus corazones y sus pensamientos en Cristo Jesús.

FILIPENSES 4:6–7

En paz me acuesto y me duermo,
    porque sólo tú, SEÑOR, me haces vivir confiado.

SALMO 4:8

LA PAZ

El SEÑOR fortalece a su pueblo;
> el SEÑOR bendice a su pueblo con la paz.

SALMO 29:11

Al de carácter firme
> lo guardarás en perfecta paz,
> porque en ti confía.

ISAÍAS 26:3

Los que aman tu ley disfrutan de gran bienestar,
> y nada los hace tropezar.

SALMO 119:165

Nos ha nacido un niño,
> se nos ha concedido un hijo;
la soberanía reposará sobre sus hombros,
> y se le darán estos nombres:
Consejero admirable, Dios fuerte,
> Padre eterno, Príncipe de paz.

ISAÍAS 9:6

Que Dios nuestro Padre y el Señor Jesucristo les concedan gracia y paz.

FILIPENSES 1:2

LA PAZ

[Dios dijo:] «Estableceré con ellas un pacto de paz: haré desaparecer del país a las bestias feroces, para que mis ovejas puedan habitar seguras en el desierto y dormir tranquilas en los bosques. Haré que ellas y los alrededores de mi colina sean una fuente de bendición. Haré caer lluvias de bendición en el tiempo oportuno. Los árboles del campo darán su fruto, la tierra entregará sus cosechas, y ellas vivirán seguras en su propia tierra. Y cuando yo haga pedazos su yugo y las libere de sus tiranos, entonces sabrán que yo soy el SEÑOR.»

EZEQUIEL 34:25-27

Dios envió su mensaje al pueblo de Israel, anunciando las buenas nuevas de la paz por medio de Jesucristo, que es el Señor de todos.

HECHOS 10:36

El SEÑOR te bendiga
       y te guarde;
el SEÑOR te mire con agrado
       y te extienda su amor;
el SEÑOR te muestre su favor
       y te conceda la paz.

NÚMEROS 6:24-26

LA PAZ

---

*Gracia y paz a ustedes de parte de aquel que es y que
era y que ha de venir.*

APOCALIPSIS 1:4

El amor y la verdad se encontrarán;
  se besarán la paz y la justicia.

SALMO 85:10

Porque así dice el SEÑOR:
  «Hacia ella extenderé la paz como un torrente,
  y la riqueza de las naciones como río desbordado.

ISAÍAS 66:12

*Esfuércense por mantener la unidad del Espíritu
mediante el vínculo de la paz.*

EFESIOS 4:3

*Si es posible, y en cuanto dependa de ustedes, vivan en
paz con todos.*

ROMANOS 12:18

*El fruto de la justicia se siembra en paz para los que
hacen la paz.*

SANTIAGO 3:18

LA PAZ

[Jesús dijo:] «La paz les dejo; mi paz les doy. Yo no se la doy a ustedes como la da el mundo. No se angustien ni se acobarden.»

JUAN 14:27

Dichosos los que trabajan por la paz, porque serán llamados hijos de Dios.

MATEO 5:9

Esforcémonos por promover todo lo que conduzca a la paz y a la mutua edificación.

ROMANOS 14:19

Sométete a Dios; ponte en paz con él,
    y volverá a ti la prosperidad.

JOB 22:21

El producto de la justicia será la paz;
    tranquilidad y seguridad perpetuas serán su fruto.

ISAÍAS 32:17

Al deslizarse las puertas abriéndome paso a la terminal, me sentía muy bien. Estaba preparado para este viaje de negocios, a pesar de las sorpresas que pudieran presentarse. Me sentía muy bien.

En menos de sesenta segundos, estaba de pie delante de los detectores de metal. Apoyé mi maleta pequeña y mi portafolios sobre la cinta transportadora. En cuanto desaparecieron deslizándose hacia la máquina de rayos X, pasé por el armazón electrónico.

Un oficial de seguridad me detuvo.

—¿Lleva una computadora allí adentro? —me preguntó.

—Eh, sí —le respondí, intentando guardar la compostura.

—Enciéndala, por favor —me ordenó.

Estando de pie, mientras aguardaba que arrancara el sistema de mi laptop, sentí que me invadía rabia. Me enojé por toda esta seguridad en el aeropuerto; me enojé con la policía de los rayos X; me enojé con mi laptop que arrancaba con tanta lentitud.

Para cuando se completaron las verificaciones de seguridad, yo estaba furioso. La paz que había sentido al entrar al aeropuerto era un recuerdo distante. Procuraba encontrar algo para patear.

La próxima vez que se descarrile, obtenga confianza de las cosas buenas que ha puesto en su alma. La presencia santa de Dios es suya. Él lo calmará.

LOS PLANES

Cuando falta el consejo, fracasan los planes;
    cuando abunda el consejo, prosperan.

PROVERBIOS 15:22

En los planes del justo hay justicia,

PROVERBIOS 12:5

Yo sé bien que tú lo puedes todo,
    que no es posible frustrar ninguno de tus planes.

JOB 42:2

El SEÑOR Todopoderoso ha jurado:
«Tal como lo he planeado, se cumplirá;
    tal como lo he decidido, se realizará.»

ISAÍAS 14:24

Hallan amor y verdad los que hacen el bien.

PROVERBIOS 14:22

Los planes bien pensados: ¡pura ganancia!
    Los planes apresurados: ¡puro fracaso!

PROVERBIOS 21:5

El noble … concibe nobles planes,
    y en sus nobles acciones se afirma.

ISAÍAS 32:8

LOS PLANES

———

Afirma tus planes con buenos consejos.

PROVERBIOS 20:18

*Ustedes que dicen: «Hoy o mañana iremos a tal o cual
ciudad, pasaremos allí un año, haremos negocios y
ganaremos dinero.» ¡Y eso que ni siquiera saben qué
sucederá mañana! ¿Qué es su vida? Ustedes son como la
niebla, que aparece por un momento y luego se
desvanece. Más bien, debieran decir: «Si el Señor
quiere, viviremos y haremos esto o aquello.»*

SANTIAGO 4:13–15

El SEÑOR frustra los planes de las naciones;
    desbarata los designios de los pueblos.
Pero los planes del SEÑOR quedan firmes para siempre;
    los designios de su mente son eternos.

SALMO 33:10–11

Que [el Señor] te conceda lo que tu corazón desea;
    que haga que se cumplan todos tus planes.

SALMO 20:4

El corazón humano genera muchos proyectos,
    pero al final prevalecen los designios del SEÑOR.

PROVERBIOS 19:21

LOS PLANES

El hombre propone
   y Dios dispone.
A cada uno le parece correcto su proceder,
   pero el SEÑOR juzga los motivos.
Pon en manos del SEÑOR todas tus obras,
   y tus proyectos se cumplirán.

PROVERBIOS 16:1-3

De nada sirven ante el SEÑOR
   la sabiduría, la inteligencia y el consejo.

PROVERBIOS 21:30

PENSAMIENTO DEVOCIONAL SOBRE LOS PLANES

La mayoría de los hombres que conozco cargan con algún tipo de calendario. El que yo llevo es enorme. Incluye un espacio para mi licencia de conductor y mis tarjetas de crédito junto con calendarios mensuales y diarios. Es una planificación bastante sensata, ¿no le parece? Ahora que lo pienso, también es bastante presumida.

Aunque el rey Salomón nunca tuvo un organizador como este ni asistió a un seminario de organización del tiempo, por cierto comprendía todas estas cosas. «No te jactes del día de mañana, porque no sabes lo que el día traerá», dijo él de manera sabia (Proverbios 27:1).

Mi abuela tomó esta exhortación con mucha seriedad. Nunca hablaba de planes futuros sin anteponerles la frase: «Si Dios quiere». «Si Dios quiere, cenaremos pollo asado.» «Si Dios quiere, mañana iremos al supermercado.» «Si Dios quiere, te veremos este verano.»

Es bueno tener un calendario. Es sabio planificar cómo usa su tiempo. Tiene mucho sentido saber lo que se presentará la semana que viene, el mes que viene y el año que viene. Pero asegúrese de apuntar estas cosas con lápiz, y cuídese de confiarse demasiado. Si Dios quiere, llegaremos a mañana.

EL PODER

Jesús dijo: «Para Dios todo es posible.»

MATEO 19:26

Yo soy el SEÑOR, Dios de toda la humanidad. ¿Hay
algo imposible para mí?

JEREMÍAS 32:27

El SEÑOR es lento para la ira,
    imponente en su fuerza.
    El SEÑOR no deja a nadie sin castigo.
Camina en el huracán y en la tormenta;
    las nubes son el polvo de sus pies.

NAHÚM 1:3

Ninguno de los pueblos de la tierra
    merece ser tomado en cuenta.
Dios hace lo que quiere
    con los poderes celestiales
    y con los pueblos de la tierra.
No hay quien se oponga a su poder
    ni quien le pida cuentas de sus actos.

DANIEL 4:35

En tu santuario, oh Dios, eres imponente;
    ¡el Dios de Israel da poder y fuerza a su pueblo!
¡Bendito sea Dios!

SALMO 68:35

EL PODER

¡Que dure tu fuerza tanto como tus días!

DEUTERONOMIO 33:25

«Yo mismo los fortaleceré,
   y ellos caminarán en mi nombre»,
      afirma el SEÑOR.

ZACARÍAS 10:12

*[Oramos] por ustedes … para que vivan de manera
digna del Señor, agradándole en todo. Esto implica dar
fruto en toda buena obra, crecer en el conocimiento de
Dios y ser fortalecidos en todo sentido con su glorioso
poder. Así perseverarán con paciencia en toda situación.*

COLOSENSES 1:9-11

Dios extiende el cielo sobre el vacío;
   sobre la nada tiene suspendida la tierra.
En sus nubes envuelve las aguas,
   pero no revientan las nubes con su peso.
Cubre la faz de la luna llena
   al extender sobre ella sus nubes.
Dibuja el horizonte sobre la faz de las aguas
   para dividir la luz de las tinieblas.
Aterrados por su reprensión,
   tiemblan los pilares de los cielos…
Con un soplo suyo se despejan los cielos…

---

con su mano ensartó a la serpiente escurridiza.
¡Y esto es sólo una muestra de sus obras,
    un murmullo que logramos escuchar!
¿Quién podrá comprender su trueno poderoso?»

JOB 26:7-11, 13-14

*Dios hizo todo hermoso en su momento, y puso en la
mente humana el sentido del tiempo, aun cuando el
hombre no alcanza a comprender la obra que Dios
realiza de principio a fin.*

ECLESIASTÉS 3:11

Profunda es su sbiduría, vasto su poder
¿Quién puede desafiarlo y salir bien librado?

JOB 9:4

Tu brazo es capaz de grandes proezas;
    fuerte es tu mano, exaltada a tu diestra.

SALMO 89:13

Tu diestra, SEÑOR, reveló su gran poder;
    tu diestra, SEÑOR, despedazó al enemigo.

ÉXODO 15:6

Fortalézcanse con el gran poder del Señor.

EFESIOS 6:10

EL PODER

Tuyos son, SEÑOR
  la grandeza y el poder,
  la gloria, la victoria y la majestad.
Tuyo es todo cuanto hay
  en el cielo y en la tierra.
Tuyo también es el reino,
  y tú estás por encima de todo.
De ti proceden la riqueza y el honor;
  tú lo gobiernas todo.
En tus manos están la fuerza y el poder,
  y eres tú quien engrandece y fortalece a todos.
Por eso, Dios nuestro, te damos gracias,
  y a tu glorioso nombre tributamos alabanzas.

1 CRÓNICAS 29:11–13

Le pido [a Dios] que, por medio del Espíritu y con el poder que procede de sus gloriosas riquezas, los fortalezca a ustedes en lo íntimo de su ser, para que por fe Cristo habite en sus corazones. Y pido que, arraigados y cimentados en amor, puedan comprender, junto con todos los santos, cuán ancho y largo, alto y profundo es el amor de Cristo.

EFESIOS 3:16–18

EL PODER

Yo, en cambio, estoy lleno de poder,
    lleno del Espíritu del SEÑOR,
    y lleno de justicia y de fuerza,

MIQUEAS 3:8

[Jesús dijo:] «Cuando venga el Espíritu Santo sobre
ustedes, recibirán poder y serán mis testigos tanto en
Jerusalén como en toda Judea y Samaria, y hasta los
confines de la tierra.»

HECHOS 1:8

No se te ocurra pensar: "Esta riqueza es fruto de mi
poder y de la fuerza de mis manos." Recuerda al SEÑOR
tu Dios, porque es él quien te da el poder para producir
esa riqueza; así ha confirmado hoy el pacto que bajo
juramento hizo con tus antepasados.

DEUTERONOMIO 8:17-18

No será por la fuerza
    ni por ningún poder,
sino por mi Espíritu
    —dice el SEÑOR Todopoderoso—.

ZACARÍAS 4:6

PENSAMIENTO DEVOCIONAL SOBRE EL PODER

¿Cuánta velocidad puede desarrollar su automóvil? ¿No lo sabe? Pues bien, ¿cuál es el número más alto en su velocímetro, ciento treinta ... ciento cuarenta ... ciento cincuenta? Y es probable que usted nunca se haya aproximado siquiera al cien. ¿Verdad? Vaya, ¡imagínese el potencial de fuerza que no se usa!

Si usted tiene alguna habilidad mecánica, debe tener algún conocimiento acerca de esta fuerza. Sabe que si en realidad condujera con frecuencia a esas velocidades, podría causarle daño serio a su motor.

En su tarea de papá, dispone de un motor disciplinario de alta potencia que viene equipado con su propio velocímetro. Dicho instrumento registra cifras mucha más elevadas que los límites de velocidad establecidos y seguros. ¿Tiene usted el derecho de apretar el acelerador a fondo y demostrar un poco de esa potencia? Claro que sí.

Pero la mayoría de los expertos concuerdan que si usted pasa demasiado tiempo a esas altas velocidades, se dañará usted, y ni hablemos de los que lo rodean.

A veces los padres tienen necesidad de usar su fuerza. No obstante, aun cuando usted pudiera hacer uso de ese poder, por lo general es mejor frenarse, dejando ociosa parte de esa fuerza bruta.

La mesura de Dios —su misericordia y su gracia— hace que sea formidable. Su ternura y paciencia derriten nuestra rebeldía y vuelven a enderezar nuestro corazón caprichoso.

Quizá le hace falta descubrir el poder de la potencia no usada. Su familia se lo agradecerá.

LA ORACIÓN

«Antes que me llamen,
    yo les responderé;
todavía estarán hablando
    cuando ya los habré escuchado»[, dice el Señor].

ISAÍAS 65:24

[Jesús dijo:] «Pidan, y se les dará; busquen, y encontrarán; llamen, y se les abrirá. Porque todo el que pide, recibe; el que busca, encuentra; y al que llama, se le abre.»

MATEO 7:7-8

[Jesús dijo:] «Les digo que si dos de ustedes en la tierra se ponen de acuerdo sobre cualquier cosa que pidan, les será concedida por mi Padre que está en el cielo. Porque donde dos o tres se reúnen en mi nombre, allí estoy yo en medio de ellos.»

MATEO 18:19-20

Queridos hermanos, si el corazón no nos condena, tenemos confianza delante de Dios, y recibimos todo lo que le pedimos porque obedecemos sus mandamientos y hacemos lo que le agrada.

1 JUAN 3:21-22

Oren sin cesar.

1 TESALONICENSES 5:17

LA ORACIÓN

El Señor está cerca de quienes lo invocan,
    de quienes lo invocan en verdad.

SALMO 145:18

Pero yo clamaré a Dios,
    y el Señor me salvará.
Mañana, tarde y noche
    clamo angustiado, y él me escucha.

SALMO 55:16-17

Cuando te pongas a orar, entra en tu cuarto, cierra la puerta y ora a tu Padre, que está en lo secreto. Así tu Padre, que ve lo que se hace en secreto, te recompensará.

MATEO 6:6

Dedíquense a la oración: perseveren en ella con agradecimiento.

COLOSENSES 4:2

Entonces ustedes me invocarán, y vendrán a suplicarme, y yo los escucharé. Me buscarán y me encontrarán, cuando me busquen de todo corazón. Me dejaré encontrar —afirma el Señor—.

JEREMÍAS 29:12-14

LA ORACIÓN

No hemos dejado de orar por ustedes. Pedimos que Dios les haga conocer plenamente su voluntad con toda sabiduría y comprensión espiritual.

COLOSENSES 1:9

Oren en el Espíritu en todo momento, con peticiones y ruegos. Manténganse alerta y perseveren en oración por todos los santos.

EFESIOS 6:18

Los fieles te invocan
    en momentos de angustia;
caudalosas aguas podrán desbordarse,
    pero a ellos no los alcanzarán.

SALMO 32:6

SEÑOR, oye mi justo ruego;
    escucha mi clamor;
presta oído a mi oración,
    pues no sale de labios engañosos.

SALMO 17:1

El SEÑOR ha escuchado mis ruegos;
    el SEÑOR ha tomado en cuenta mi oración.

SALMO 6:9

LA ORACIÓN

———

«Clama a mí y te responderé, y te daré a conocer cosas grandes y ocultas que tú no sabes»[, declara el Señor].

JEREMÍAS 33:3

«Yo lo libraré, porque él se acoge a mí»[, dice el Señor];
    «lo protegeré, porque reconoce mi nombre.Él
me invocará, y yo le responderé;
    estaré con él en momentos de angustia;
    lo libraré y lo llenaré de honores.»

SALMO 91:14–15

El SEÑOR se mantiene lejos de los impíos,
    pero escucha las oraciones de los justos.

PROVERBIOS 15:29

Deléitate en el SEÑOR,
    y él te concederá los deseos de tu corazón.

SALMO 37:4

Acerquémonos confiadamente al trono de la gracia para recibir misericordia y hallar la gracia que nos ayude en el momento que más la necesitemos.

HEBREOS 4:16

LA ORACIÓN

Jesús dijo: «Ciertamente les aseguro que mi Padre les dará todo lo que le pidan en mi nombre. Hasta ahora no han pedido nada en mi nombre. Pidan y recibirán, para que su alegría sea completa.»

JUAN 16:23–24

«Si mi pueblo, que lleva mi nombre, se humilla y ora, y me busca y abandona su mala conducta, yo lo escucharé desde el cielo, perdonaré su pecado y restauraré su tierra»[, dice el Señor].

2 CRÓNICAS 7:14

Los ojos del Señor están sobre los justos,
    y sus oídos, atentos a sus oraciones.

1 PEDRO 3:12

PENSAMIENTO DEVOCIONAL SOBRE LA ORACIÓN

Dios le habló de Job a Satanás diciendo: «No hay en la tierra nadie como él; es un hombre recto e intachable, que me honra y vive apartado del mal» (Job 1:8). Quizá una de las cosas que más impresionó a Dios respecto de este hombre fue que oraba fielmente por sus hijos.

¿Con cuánta frecuencia observan sus hijos que usted vuelve su rostro hacia el altar y aboga por ellos? «Padre celestial, te ruego que hoy protejas a Missy en la escuela. Guarda su mente y sus actos. Háblale por medio de amigos que te aman y aléjala de aquellos que la apartarían de tu amor.»

Al escuchar Missy que su papá la levanta en oración ante el trono de Dios, se le producen escalofríos. *Mi papá está orando por mí.* Estas palabras le darán vueltas en la mente una y otra vez. Con el correr de los años, estas oraciones pudieran cambiarle la vida.

Ore por sus hijos. Preséntelos delante del Padre y pida su protección y bendición sobre la vida de ellos. Esto será poderoso, tanto para usted como para ellos.

LAS PRIORIDADES

Por tanto, también nosotros, que estamos rodeados de una multitud tan grande de testigos, despojémonos del lastre que nos estorba, en especial del pecado que nos asedia, y corramos con perseverancia la carrera que tenemos por delante. Fijemos la mirada en Jesús, el iniciador y perfeccionador de nuestra fe, quien por el gozo que le esperaba, soportó la cruz, menospreciando la vergüenza que ella significaba, y ahora está sentado a la derecha del trono de Dios.

HEBREOS 12:1-2

Llénenme de alegría teniendo un mismo parecer, un mismo amor, unidos en alma y pensamiento. No hagan nada por egoísmo o vanidad; más bien, con humildad consideren a los demás como superiores a ustedes mismos. Cada uno debe velar no sólo por sus propios intereses sino también por los intereses de los demás. La actitud de ustedes debe ser como la de Cristo Jesús.

FILIPENSES 2:2-5

[Jesús dijo:] «Ustedes deben orar así: "Padre nuestro que estás en el cielo, santificado sea tu nombre, venga tu reino, hágase tu voluntad en la tierra como en el cielo."»

MATEO 6:9-10

---

*Todo aquello que para mí era ganancia, ahora lo
considero pérdida por causa de Cristo. Es más, todo lo
considero pérdida por razón del incomparable valor
de conocer a Cristo Jesús, mi Señor. Por él lo he perdido todo, y lo tengo por estiércol, a fin de ganar a
Cristo.*

FILIPENSES 3:7–8

*Considero que mi vida carece de valor para mí mismo,
con tal de que termine mi carrera y lleve a cabo el servicio que me ha encomendado el Señor Jesús, que es el
de dar testimonio del evangelio de la gracia de Dios.*

HECHOS 20:24

*[Jesús dijo:] «No se preocupen diciendo: "¿Qué comere-
mos?" o "¿Qué beberemos?" o "¿Con qué nos vestire-
mos?"… Más bien, busquen primeramente el reino de
Dios y su justicia, y todas estas cosas les serán añadidas.»*

MATEO 6:31, 33

*[Jesús dijo:] «Les digo que se valgan de las riquezas
mundanas para ganar amigos, a fin de que cuando
éstas se acaben haya quienes los reciban a ustedes en las
viviendas eternas. El que es honrado en lo poco, también lo será en lo mucho; y el que no es íntegro en lo*

poco, tampoco lo será en lo mucho. Por eso, si ustedes no han sido honrados en el uso de las riquezas mundanas, ¿quién les confiará las verdaderas?»

LUCAS 16:9–11

Dichoso el hombre
    que no sigue el consejo de los malvados,
ni se detiene en la senda de los pecadores
    ni cultiva la amistad de los blasfemos,
sino que en la ley del SEÑOR se deleita,
    y día y noche medita en ella.

SALMO 1:1–2

Alguien dirá: «Tú tienes fe, y yo tengo obras.» Pues bien, muéstrame tu fe sin las obras, y yo te mostraré la fe por mis obras.

SANTIAGO 2:18

Hagan lo que hagan, trabajen de buena gana, como para el Señor y no como para nadie en este mundo, conscientes de que el Señor los recompensará con la herencia. Ustedes sirven a Cristo el Señor.

COLOSENSES 3:23–24

Pensamiento Devocional Sobre Las Prioridades

Soy acrofóbico hecho y derecho; me aterrorizan las alturas.

Estaba construyendo una casa junto con mi clase de Escuela Dominical. Como tengo bastante habilidad para clavar clavos, me había ofrecido para treparme a la parte de arriba del armazón de las paredes de la planta baja a fin de fijarlas.

Al completar una sección, me puse de pie para caminar por la "pasarela" de tres pulgadas y media hasta el otro lado de la casa. De repente, se me paralizaron las piernas. Podía sentir los latidos de mi corazón desde la punta de los dedos hasta la gorra. No me causó ninguna gracia.

Sin mirar hacia arriba ni hacia abajo, lentamente levanté los brazos extendiéndolos hacia los costados y empecé a caminar … un paso peligroso por vez. Al llegar a la mitad del trayecto, me di cuenta de que mis brazos extendidos me proveían el antídoto perfecto para mi temor: me proporcionaban equilibrio.

Tener éxito en el trabajo, criar a sus hijos de modo eficaz, mantener intacta su rutina de dieta y ejercicio, dedicarle suficiente tiempo a su esposa, ser disciplinado en su vida espiritual … todo esto puede producirle una ansiedad tal que se sienta paralizado, imposibilitado de cruzar por el muro elevado. ¿Cómo se puede lograr el equilibrio en la vida?

A lo largo de la vida, Jesús mantuvo en orden sus prioridades, no permitió que el estrés y la presión de ninguna de las obligaciones de la vida le hicieran sombra a las demás. Luego, una tarde tenebrosa de viernes, nuestro Salvador extendió las manos y entregó su vida por usted y por mí. Su provisión de gracia nos proporcionó el lujo de llevar una vida en perfecto equilibrio, quedando libres de las presiones implacables de la vida. ¿No le parece increíble?

EL DOMINO PROPIO

Yo sé que tú amas la verdad en lo íntimo;
en lo secreto me has enseñado sabiduría.

SALMO 51:6

*El mundo se acaba con sus malos deseos, pero el que
hace la voluntad de Dios permanece para siempre.*

1 JUAN 2:17

La mentalidad que proviene del Espíritu es vida y paz.

ROMANOS 8:6

*Esfuérzate por presentarte a Dios aprobado, como
obrero que no tiene de qué avergonzarse y que inter-
preta rectamente la palabra de verdad.*

2 TIMOTEO 2:15

El producto de la justicia será la paz;
tranquilidad y seguridad perpetuas serán su fruto.

ISAÍAS 32:17

Al de carácter firme
lo guardarás en perfecta paz,
porque en ti confía.

ISAÍAS 26:3

EL DOMINO PROPIO

El reino de Dios no es cuestión de comidas o bebidas sino de justicia, paz y alegría en el Espíritu Santo.

ROMANOS 14:17

Ya que han resucitado con Cristo, busquen las cosas de arriba, donde está Cristo sentado a la derecha de Dios. Concentren su atención en las cosas de arriba, no en las de la tierra.

COLOSENSES 3:1–2

¡Pero tengan cuidado! Presten atención y no olviden las cosas que han visto sus ojos, ni las aparten de su corazón mientras vivan. Cuéntenselas a sus hijos y a sus nietos.

DEUTERONOMIO 4:9

Pon la mirada en lo que tienes delante;
    fija la vista en lo que está frente a ti.
Endereza las sendas por donde andas;
    allana todos tus caminos.
No te desvíes ni a diestra ni a siniestra;
    apártate de la maldad.

PROVERBIOS 4:25–27

EL DOMINO PROPIO

Esto es lo que pido en oración: que el amor de ustedes abunde cada vez más en conocimiento y en buen juicio, para que disciernan lo que es mejor, y sean puros e irreprochables para el día de Cristo.

FILIPENSES 1:9-10

[Jesús dijo:] «El que encuentre su vida, la perderá, y el que la pierda por mi causa, la encontrará.»

MATEO 10:39

Obedece mis decretos y cumple fielmente mis leyes. Tal persona es justa, y ciertamente vivirá. Lo afirma el SEÑOR omnipotente.

EZEQUIEL 18:9

Dios ha manifestado a toda la humanidad su gracia, la cual trae salvación y nos enseña a rechazar la impiedad y las pasiones mundanas. Así podremos vivir en este mundo con justicia, piedad y dominio propio.

TITO 2:11-12

PENSAMIENTO DEVOCIONAL SOBRE
EL DOMINIO PROPIO

Éxodo 20—23 contiene una lista de reglas bastante estrictas que debían obedecer los israelitas. Estoy seguro de que escuchar esta lista debe haber resultado tan estresante para esta gente como nos resultaba a nosotros prepararnos para los exámenes finales en la escuela. Al acercarnos al final de la lista de leyes, nos topamos con algo bastante sencillo y, a la vez, poderoso. Algo que suena como que pudiera haberse escrito para mi experiencia universitaria: «No imites la maldad de las mayorías» (Éxodo 23:2).

De adultos, la atracción hacia hacer algo malo porque toda la cultura parece estar haciéndolo —acomodar un poco la verdad, decir cosas que luego se lamentan, la tentación hacia el fracaso moral— es bastante abrumadora. Y, por supuesto, nuestros hijos también deben enfrentarse a esta tentación terrible.

Por lo tanto, ¿qué consejo persuasivo ofrece la iglesia ante este dilema? Es un simple «no lo haga». Sin que haya necesidad de explicación. Solo «no lo haga». El escritor de estas palabras sabía lo que sabemos nosotros. Imitar la maldad de la mayoría es estúpido. Así que no lo haga. Sea un ejemplo para su familia y manténgase firme en lo que usted sabe que es correcto. Aliente a sus hijos a que hagan lo mismo. Se alegrarán de haberlo hecho.

EL SERVICIO

El que quiera hacerse grande entre ustedes deberá ser su servidor, y el que quiera ser el primero deberá ser esclavo de todos.

MARCOS 10:43-44

Aunque soy libre respecto a todos, de todos me he hecho esclavo para ganar a tantos como sea posible. Entre los judíos me volví judío, a fin de ganarlos a ellos. Entre los que viven bajo la ley me volví como los que están sometidos a ella (aunque yo mismo no vivo bajo la ley), a fin de ganar a éstos. Entre los que no tienen la ley me volví como los que están sin ley (aunque no estoy libre de la ley de Dios sino comprometido con la ley de Cristo), a fin de ganar a los que están sin ley. Entre los débiles me hice débil, a fin de ganar a los débiles. Me hice todo para todos, a fin de salvar a algunos por todos los medios posibles.

1 CORINTIOS 9:19-22

La actitud de ustedes debe ser como la de Cristo Jesús, quien, siendo por naturaleza Dios, no consideró el ser igual a Dios como algo a qué aferrarse. Por el contrario, se rebajó voluntariamente, tomando la naturaleza de siervo y haciéndose semejante a los seres humanos. Y al

EL SERVICIO

---

*manifestarse como hombre, se humilló a sí mismo y se
hizo obediente hasta la muerte, ¡y muerte de cruz!*

FILIPENSES 2:5-8

*[Jesús dijo:] «El que quiera salvar su vida, la perderá;
pero el que pierda su vida por mi causa, la encontrará.»*

MATEO 16:25

*Si a ustedes les parece mal servir al SEÑOR, elijan uste-
des mismos a quiénes van a servir… Por mi parte, mi
familia y yo serviremos al SEÑOR.*

JOSUÉ 24:15

*Ámense los unos a los otros con amor fraternal, respe-
tándose y honrándose mutuamente. Nunca dejen de ser
diligentes; antes bien, sirvan al Señor con el fervor que
da el Espíritu.*

ROMANOS 12:10-11

*¿Qué te pide el SEÑOR tu Dios? Simplemente que le
temas y andes en todos sus caminos, que lo ames y le
sirvas con todo tu corazón y con toda tu alma, y que
cumplas los mandamientos y los preceptos que hoy te
manda cumplir.*

DEUTERONOMIO 10:12-13

EL SERVICIO

Los exhorto a temer al SEÑOR y a servirle fielmente y de todo corazón, recordando los grandes beneficios que él ha hecho en favor de ustedes.

1 SAMUEL 12:24

[Jesús les dijo a sus discípulos:] «El que recibe en mi nombre a este niño … me recibe a mí; y el que me recibe a mí, recibe al que me envió. El que es más insignificante entre todos ustedes, ése es el más importante.»

LUCAS 9:48

El que habla, hágalo como quien expresa las palabras mismas de Dios; el que presta algún servicio, hágalo como quien tiene el poder de Dios. Así Dios será en todo alabado por medio de Jesucristo, a quien sea la gloria y el poder por los siglos de los siglos. Amén.

1 PEDRO 4:11

Sírvanse unos a otros con amor.

GÁLATAS 5:13

PENSAMIENTO DEVOCIONAL SOBRE EL SERVICIO

El escenario de la Última Cena fue muy informal, contrariamente a la interpretación de la escena que han creado muchos artistas. Estos hombres celebraban la Pascua del modo tradicional, recostados sobre el piso.

De repente Jesús se puso de pie, se quitó la túnica externa, se ató una toalla a la cintura, volcó agua en un cuenco, y empezó a lavar los pies mugrientos de sus discípulos. Allí estaba el Mesías largamente esperado, el Salvador de la humanidad, de rodillas, enjuagándoles la tierra del camino. Ellos se habrán preguntado: *¿Dónde está el criado?* ¡Jesús no debiera estar haciendo esto!

¿Qué era entonces lo que hacía Jesús? ¿Qué era lo que «decía» en este momento de humildad servil? El amor requiere humildad; el poder exige servicio.

¿Queremos que se nos respete en casa? Claro que sí. ¿Deseamos hacernos cargo de nuestra responsabilidad de «cabeza de nuestro hogar»? Desde luego. Pues entonces debemos cambiar el uniforme profesional por una camisa de trabajo, la corona por un cuenco, la túnica por una toalla. Tendremos que bajarnos del pedestal y ponernos de rodillas. Confesión. Lavado. Perdón. Servicio. El ejemplo de Jesús en esta noche inolvidable debiera ser suficiente.

EL CRECIMIENTO ESPIRITUAL

Olvidando lo que queda atrás y esforzándome por alcanzar lo que está delante, sigo avanzando hacia la meta para ganar el premio que Dios ofrece mediante su llamamiento celestial en Cristo Jesús.

FILIPENSES 3:13–14

Jesús dijo: «De aquel que cree en mí, como dice la Escritura, brotarán ríos de agua viva.»

JUAN 7:38

Ya no seremos niños, zarandeados por las olas y llevados de aquí para allá por todo viento de enseñanza y por la astucia y los artificios de quienes emplean artimañas engañosas. Más bien, al vivir la verdad con amor, creceremos hasta ser en todo como aquel que es la cabeza, es decir, Cristo. Por su acción todo el cuerpo crece y se edifica en amor, sostenido y ajustado por todos los ligamentos, según la actividad propia de cada miembro.

EFESIOS 4:14–16

El fruto del Espíritu es amor, alegría, paz, paciencia, amabilidad, bondad, fidelidad, humildad y dominio propio. No hay ley que condene estas cosas. Los que son de Cristo Jesús han crucificado la naturaleza

---

pecaminosa, con sus pasiones y deseos. Si el Espíritu nos da vida, andemos guiados por el Espíritu.

GÁLATAS 5:22-25

Los que viven conforme al Espíritu fijan la mente en los deseos del Espíritu.

ROMANOS 8:5

Se acerca la hora, y ha llegado ya, en que los verdaderos adoradores rendirán culto al Padre en espíritu y en verdad, porque así quiere el Padre que sean los que le adoren. Dios es espíritu, y quienes lo adoran deben hacerlo en espíritu y en verdad.

JUAN 4:23-24

Hermanos, tomando en cuenta la misericordia de Dios, les ruego que cada uno de ustedes, en adoración espiritual, ofrezca su cuerpo como sacrificio vivo, santo y agradable a Dios.

ROMANOS 12:1

Deseen con ansias la leche pura de la palabra, como niños recién nacidos. Así, por medio de ella, crecerán en su salvación, ahora que han probado lo bueno que es el Señor.

1 PEDRO 2:2-3

EL CRECIMIENTO ESPIRITUAL

Así que nosotros, que estamos recibiendo un reino inconmovible, seamos agradecidos. Inspirados por esta gratitud, adoremos a Dios como a él le agrada, con temor reverente.

HEBREOS 12:28

Hazme entender el camino de tus preceptos,
    y meditaré en tus maravillas.

SALMO 119:27

Crezcan en la gracia y en el conocimiento de nuestro Señor y Salvador Jesucristo. ¡A él sea la gloria ahora y para siempre!

2 PEDRO 3:18

PENSAMIENTO DEVOCIONAL SOBRE
EL CRECIMIENTO ESPIRITUAL

Cuando estaba en la escuela, mi feriado preferido era Memorial Day [Día de Conmemoración de los caídos por la patria] porque tocaba en la banda, y faltaba poco para que se terminaran las clases y empezara el verano. Ahora que soy mayor, ese día aún me produce sentimientos profundos … pero por motivos diferentes. Me conmueve ver que gente —totalmente desconocida— derramó su sangre por mí.

El pueblo de Dios tenía un evento parecido en su tradición. Las promesas de Dios habían sido tan visibles para los judíos que, cada año, apartaban una semana para conmemorar y expresar gratitud. Esta tradición judía tiene lecciones muy, muy importantes para padres. Usted es el sacerdote de su hogar. Cuente a sus hijos acerca de la fidelidad de Dios. Presente a sus seres queridos la gracia asombrosa de Dios. Conduzca a su familia hacia su propia experiencia personal de fe salvadora.

Nuestra única alternativa es llevar una vida que sirva de ejemplo. Debemos enseñar a nuestros hijos los caminos de Dios, recordarles su fidelidad, y mostrarles su gracia.

LA FORTALEZA

———

El SEÑOR fortalece a su pueblo;
    el SEÑOR bendice a su pueblo con la paz.

SALMO 29:11

«Yo mismo los fortaleceré,
    y ellos caminarán en mi nombre»,
        afirma el SEÑOR.

ZACARÍAS 10:12

*No hemos dejado de orar por ustedes … para que vivan
de manera digna del Señor, agradándole en todo. Esto
implica dar fruto en toda buena obra, crecer en el
conocimiento de Dios y ser fortalecidos en todo sentido
con su glorioso poder. Así perseverarán con paciencia en
toda situación.*

COLOSENSES 1:10–11

Aun los jóvenes se cansan, se fatigan,
    y los muchachos tropiezan y caen;
pero los que confían en el SEÑOR
    renovarán sus fuerzas;
volarán como las águilas:
    correrán y no se fatigarán,
    caminarán y no se cansarán.

ISAÍAS 40:30–31

LA FORTALEZA

En tu santuario, oh Dios, eres imponente;
>¡el Dios de Israel da poder y fuerza a su pueblo!

SALMO 68:35

[El Señor] me dijo: «Te basta con mi gracia, pues mi poder se perfecciona en la debilidad.» Por lo tanto, gustosamente haré más bien alarde de mis debilidades, para que permanezca sobre mí el poder de Cristo. Por eso me regocijo en debilidades, insultos, privaciones, persecuciones y dificultades que sufro por Cristo; porque cuando soy débil, entonces soy fuerte.

2 CORINTIOS 12:9-10

El SEÑOR es la fortaleza de su pueblo,
>y un baluarte de salvación para su ungido.

SALMO 28:8

Sólo en el SEÑOR
>están la justicia y el poder.

ISAÍAS 45:24

Fortalézcanse con el gran poder del Señor.

EFESIOS 6:10

LA FORTALEZA

———

[Dios] fortalece al cansado
   y acrecienta las fuerzas del débil.

ISAÍAS 40:29

Pido que, por medio del Espíritu y con el poder que procede de sus gloriosas riquezas, [el Padre] los fortalezca a ustedes en lo íntimo de su ser.

EFESIOS 3:16

«Te fortaleceré y te ayudaré;
   te sostendré con mi diestra victoriosa»,
   [dice el Señor].

ISAÍAS 41:10

Todo lo puedo en Cristo que me fortalece.

FILIPENSES 4:13

El SEÑOR recorre con su mirada toda la tierra, y está listo para ayudar a quienes le son fieles.

2 CRÓNICAS 16:9

PENSAMIENTO DEVOCIONAL SOBRE
LA FORTALEZA

No se puede ver un videocasete en un aparato de discos compactos. Si se desea obtener cierto resultado, será necesario que esté conectado a la fuente indicada.

Es mucho pedir que un hombre viva de tal manera que sea de bendición para sus amigos y su familia. A decir verdad, Jesús dijo claramente que si no estamos conectados a él, nuestro «fruto» no servirá y nuestra «rama» se secará (Juan 15). Y las ramas secas solo sirven para armar fogatas.

Este principio no es muy profundo. Todos sabemos que si no nos conectamos a lo que corresponde, nuestra vida desobediente lo reflejará. No podemos llenar nuestra vida de pecado y tener la expectativa de que otros vean pureza y rectitud. Como suelen decir los programadores de computadoras: «Entra basura, sale basura».

Si en la quietud de su propio corazón sabe que tiene un problema que otros pueden … o pudieran … o podrán ver, verifique a qué fuente está conectado. «Separados de mí no pueden ustedes hacer nada», dijo Jesús.

EL ESTRÉS

———

[Jesús dijo:] «Vengan a mí todos ustedes que están cansados y agobiados, y yo les daré descanso. Carguen con mi yugo y aprendan de mí, pues yo soy apacible y humilde de corazón, y encontrarán descanso para su alma. Porque mi yugo es suave y mi carga es liviana.»

MATEO 11:28-30

En el día de mi angustia te invoco, [Señor],
    porque tú me respondes.

SALMO 86:7

En mi angustia invoqué al SEÑOR;
    llamé a mi Dios,
y él me escuchó desde su templo;
    ¡mi clamor llegó a sus oídos!

2 SAMUEL 22:7

Encomienda al SEÑOR tus afanes,
    y él te sostendrá;
    no permitirá que el justo caiga.

SALMO 55:22

Tenme compasión, SEÑOR, que estoy angustiado;
    el dolor está acabando con mis ojos,
    con mi alma, ¡con mi cuerpo!

SALMO 31:9

EL ESTRÉS

———

Cuando cruces las aguas,
yo estaré contigo;
cuando cruces los ríos,
no te cubrirán sus aguas;
cuando camines por el fuego,
no te quemarás ni te abrasarán las llamas.
Yo soy el SEÑOR, tu Dios,

ISAÍAS 43:2-3

Al de carácter firme
lo guardarás en perfecta paz,
porque en ti confía.
Confíen en el SEÑOR para siempre,
porque el SEÑOR es una Roca eterna.

ISAÍAS 26:3-4

En mi angustia invoqué al SEÑOR;
clamé a mi Dios,
y él me escuchó desde su templo;
¡mi clamor llegó a sus oídos!

SALMO 18:6

Voy a escuchar lo que Dios el Señor dice:
él promete paz a su pueblo.

SALMO 85:8

El Estrés

A quien Dios le concede abundancia y riquezas, también le concede comer de ellas, y tomar su parte y disfrutar de sus afanes, pues esto es don de Dios. Y como Dios le llena de alegría el corazón, muy poco reflexiona el hombre en cuanto a su vida.

Eclesiastés 5:19-20

Ya que hemos sido justificados mediante la fe, tenemos paz con Dios por medio de nuestro Señor Jesucristo. También por medio de él, y mediante la fe, tenemos acceso a esta gracia en la cual nos mantenemos firmes. Así que nos regocijamos en la esperanza de alcanzar la gloria de Dios.

Romanos 5:1-2

Porque así dice el Señor omnipotente,
   el Santo de Israel:
«En el arrepentimiento y la calma está su salvación,
   en la serenidad y la confianza está su fuerza.»

Isaías 30:15

Como no tenían tiempo ni para comer, pues era tanta la gente que iba y venía, Jesús les dijo:
—Vengan conmigo ustedes solos a un lugar tranquilo y descansen un poco.

Marcos 6:31

EL ESTRÉS

«Daré de beber a los sedientos y saciaré a los que estén agotados», [dice el Señor].

JEREMÍAS 31:25

Acuérdate del sábado, para consagrarlo. Trabaja seis días, y haz en ellos todo lo que tengas que hacer, pero el día séptimo será un día de reposo para honrar al SEÑOR tu Dios. No hagas en ese día ningún trabajo, ni tampoco tu hijo, ni tu hija… Acuérdate de que en seis días hizo el SEÑOR los cielos y la tierra, el mar y todo lo que hay en ellos, y que descansó el séptimo día. Por eso el SEÑOR bendijo y consagró el día de reposo.

ÉXODO 20:8–11

En verdes pastos me hace descansar.
> Junto a tranquilas aguas me conduce;
> me infunde nuevas fuerzas.
Me guía por sendas de justicia
> por amor a su nombre.

SALMO 23:2–3

[Jesús dijo:] No se angustien. Confíen en Dios, y confíen también en mí.

JUAN 14:1

EL ESTRÉS

No nos cansemos de hacer el bien, porque a su debido tiempo cosecharemos si no nos damos por vencidos.

GÁLATAS 6:9

Hermanos míos, considérense muy dichosos cuando tengan que enfrentarse con diversas pruebas, pues ya saben que la prueba de su fe produce constancia. Y la constancia debe llevar a feliz término la obra, para que sean perfectos e íntegros, sin que les falte nada.

SANTIAGO 1:2-4

Pensamiento Devocional Sobre
El Estrés

¿Alguna vez se ha quedado helado? No me refiero a estar helado porque un viento gélido le penetra la ropa invernal más abrigada, ni lo que ocurre cuando se le consume el aceite del motor de su automóvil. Me refiero a la paralización que le sobreviene cuando el estrés y la presión lo llevan al punto del quiebre.

A veces las circunstancias de la vida nos dejan helados. En ocasiones las presiones familiares y el estrés laboral nos detienen en seco, quedando imposibilitados de movernos. Pero cuando se nos acaban las respuestas, cuando nuestras soluciones resultan lamentablemente inadecuadas, cuando nuestra energía y nuestro deseo de seguir avanzando se han desvanecido, el Espíritu de Dios contesta el teléfono al primer timbrazo. En ese momento, con solo pedir, son nuestros «amor, alegría, paz, paciencia, amabilidad, bondad, fidelidad, humildad y dominio propio» (Gálatas 5:22–23).

Permita que el Dios soberano del universo descongele su frío corazón. Permita que su gracia libere su alma dolida. Sea lleno de su Espíritu … él lo librará. Se lo prometo.

EL ÉXITO

[El Señor dijo:] «Sólo te pido que tengas mucho valor y firmeza para obedecer toda la ley que mi siervo Moisés te mandó. No te apartes de ella para nada; sólo así tendrás éxito dondequiera que vayas. Recita siempre el libro de la ley y medita en él de día y de noche; cumple con cuidado todo lo que en él está escrito. Así prosperarás y tendrás éxito.»

JOSUÉ 1:7-8

Mientras vivió Zacarías, quien lo instruyó en el temor de Dios, [Uzías] se empeñó en buscar al SEÑOR. Mientras Uzías buscó a Dios, Dios le dio prosperidad.

2 CRÓNICAS 26:5

Dichoso el hombre
      que no sigue el consejo de los malvados,
ni se detiene en la senda de los pecadores
      ni cultiva la amistad de los blasfemos,
sino que en la ley del SEÑOR se deleita,
      y día y noche medita en ella.
Es como el árbol
      plantado a la orilla de un río
      que, cuando llega su tiempo, da fruto
y sus hojas jamás se marchitan.
      ¡Todo cuanto hace prospera!

SALMO 1:1-3

EL ÉXITO

Ezequías puso su confianza en el SEÑOR, Dios de Israel. No hubo otro como él entre todos los reyes de Judá, ni antes ni después. Se mantuvo fiel al SEÑOR y no se apartó de él, sino que cumplió los mandamientos que el SEÑOR le había dado a Moisés. El SEÑOR estaba con Ezequías, y por tanto éste tuvo éxito en todas sus empresas.

2 REYES 18:5–7

¡Confíen en el SEÑOR, y serán librados! ¡Confíen en sus profetas, y tendrán éxito!

2 CRÓNICAS 20:20

[Potifar] se dio cuenta de que el SEÑOR estaba con José y lo hacía prosperar en todo. José se ganó la confianza de Potifar, y éste lo nombró mayordomo de toda su casa y le confió la administración de todos sus bienes.

GÉNESIS 39:3–4

Todo lo que [el rey Ezequías] emprendió para el servicio del templo de Dios, lo hizo de todo corazón, de acuerdo con la ley y el mandamiento de buscar a Dios, y tuvo éxito.

2 CRÓNICAS 31:21

EL ÉXITO

———

Pon en manos del SEÑOR todas tus obras,
    y tus proyectos se cumplirán.

PROVERBIOS 16:3

Que te conceda lo que tu corazón desea;
    que haga que se cumplan todos tus planes.
Nosotros celebraremos tu victoria,
    y en el nombre de nuestro Dios
desplegaremos las banderas.
    ¡Que el SEÑOR cumpla todas tus peticiones!

SALMO 20:4-5

Cuando falta el consejo, fracasan los planes;
    cuando abunda el consejo, prosperan.

PROVERBIOS 15:22

PENSAMIENTO DEVOCIONAL SOBRE EL ÉXITO

Hagamos un viaje de regreso a la clase de geometría. Vamos a conversar sobre postulados. Por ejemplo, probemos con un postulado de la familia. Si estoy casado y mi esposa da a luz un bebé, esto implica que yo soy padre. Si establezco una regla y mi hijo me desobedece, esto implica que me toca la tarea de disciplinar. Como la primera parte de cada declaración es cierta, y como la segunda parte de cada declaración también es cierta, la combinación de la primera parte con la segunda hacen que la conclusión sea veraz con toda seguridad. ¿Comprende cómo funciona esto?

En Deuteronomio 30 se nos presenta un postulado asombroso. Empieza en el versículo uno y acaba en el versículo tres. Moisés presentó este postulado asombroso a los israelitas en términos que ellos podían comprender con claridad: Como la palabra de Dios es confiable, si él ve que usted obedece su ley, esto implica que él «restaurará [su] buena fortuna y se compadecerá de [usted]».

Si bien los teólogos no se ponen de acuerdo en cuanto al tipo de «prosperidad» al que se refiere Dios en este pasaje, es indisputable que sí promete algún tipo de éxito que concuerda con su economía: en la que un artículo importado puede comprarse con el dinero del almuerzo y donde una familia feliz es un tesoro de valor inestimable.

LA GRATITUD

Den gracias al SEÑOR, porque él es bueno;
su gran amor perdura para siempre.

SALMO 106:1

Bendeciré al SEÑOR en todo tiempo;
mis labios siempre lo alabarán.

SALMO 34:1

Con oración y ruego, presenten sus peticiones a Dios y denle gracias.

FILIPENSES 4:6

Den gracias a Dios en toda situación, porque esta es su voluntad para ustedes en Cristo Jesús.

1 TESALONICENSES 5:18

¡Gracias a Dios, que nos da la victoria por medio de nuestro Señor Jesucristo!

1 CORINTIOS 15:57

¡Alabaré al SEÑOR por su justicia!
¡Al nombre del SEÑOR altísimo cantaré salmos!

SALMO 7:17

LA GRATITUD

De la manera que recibieron a Cristo Jesús como Señor, vivan ahora en él, arraigados y edificados en él, confirmados en la fe como se les enseñó, y llenos de gratitud.

COLOSENSES 2:6–7

Gracias a Dios que en Cristo siempre nos lleva triunfantes y, por medio de nosotros, esparce por todas partes la fragancia de su conocimiento.

2 CORINTIOS 2:14

¡Den gracias al SEÑOR por su gran amor,
    por sus maravillas en favor de los hombres!

SALMO 107:21

Convertiste mi lamento en danza;
    me quitaste la ropa de luto
y me vestiste de fiesta,
    para que te cante y te glorifique,
y no me quede callado.
    ¡SEÑOR mi Dios, siempre te daré gracias!

SALMO 30:11–12

Entren por sus puertas con acción de gracias;
    vengan a sus atrios con himnos de alabanza;
    denle gracias, alaben su nombre.

SALMO 100:4

PALABRAS DE VIDA SOBRE

LA GRATITUD

Vengan, cantemos con júbilo al SEÑOR;
>   aclamemos a la roca de nuestra salvación.
Lleguemos ante él con acción de gracias,
>   aclamémoslo con cánticos.

SALMO 95:1–2

¡Gracias a Dios por su don inefable!

2 CORINTIOS 9:15

¡Alabado sea el SEÑOR!
>   Alabaré al SEÑOR con todo el corazón
>   en la asamblea, en compañía de los rectos.
Grandes son las obras del SEÑOR;
>   estudiadas por los que en ellas se deleitan.

SALMO 111:1–2

*Que gobierne en sus corazones la paz de Cristo, a la
cual fueron llamados en un solo cuerpo. Y sean agradecidos. Que habite en ustedes la palabra de Cristo
con toda su riqueza: instrúyanse y aconséjense unos a
otros con toda sabiduría; canten salmos, himnos y
canciones espirituales a Dios, con gratitud de corazón.
Y todo lo que hagan, de palabra o de obra, háganlo en
el nombre del Señor Jesús, dando gracias a Dios el
Padre por medio de él.*

COLOSENSES 3:15–17

PENSAMIENTO DEVOCIONAL SOBRE LA GRATITUD

Siempre percibí algo fuera de lo común en Billy Webb. Me llevó un poco de tiempo descubrir cuál era la cualidad tan especial de este amigo.

Finalmente un día lo capté. Billy es de los que escriben a mano notas de agradecimiento. Desde la primera vez que nos encontramos para almorzar juntos hasta nuestra salida más reciente, he recibido de él un nota por correo unos días después. Dichas notas no son largas e interminables; a decir verdad, por lo general caben en una tarjeta de diez por quince centímetros. Pero incluso cuando él mismo paga el almuerzo, Billy me agradece por mi tiempo y mi amistad.

El apóstol Pablo inició casi todas sus trece cartas del Nuevo Testamento con un «Gracias». La carta a la iglesia en Filipos tiene una fuerza especial: «Doy gracias a mi Dios cada vez que me acuerdo de ustedes. En todas mis oraciones por todos ustedes, siempre oro con alegría, porque han participado en el evangelio desde el primer día hasta ahora» (Filipenses 1:3–5).

¿Cumple usted la función de escritor de notas de agradecimiento en la vida de sus hijos, su familia y sus amigos? Para ser un hombre tal solo es necesario que le dedique un momento, pero los beneficios son increíbles. Haga la prueba y lo comprobará.

LA CONFIANZA

En ti confían los que conocen tu nombre,
porque tú, SEÑOR, jamás abandonas a los que
te buscan.

SALMO 9:10

Los que confían en el SEÑOR
son como el monte Sión,
que jamás será conmovido,
que permanecerá para siempre.

SALMO 125:1

Es mejor refugiarse en el SEÑOR
que confiar en el hombre.
Es mejor refugiarse en el SEÑOR
que fiarse de los poderosos.

SALMO 118:8-9

¿Por qué voy a inquietarme?
¿Por qué me voy a angustiar?
En Dios pondré mi esperanza
y todavía lo alabaré.
¡Él es mi Salvador y mi Dios!

SALMO 42:5

Dichoso aquel cuya ayuda es el Dios de Jacob,
cuya esperanza está en el SEÑOR su Dios

SALMO 146:5

LA CONFIANZA

El que atiende a la palabra, prospera.
  ¡Dichoso el que confía en el SEÑOR!

PROVERBIOS 16:20

Bendito el hombre que confía en el Señor,
  y pone su confianza en él.
Será como un árbol plantado junto al agua,
  que extiende sus raíces hacia la corriente;
no teme que llegue el calor,
  y sus hojas están siempre verdes.
En época de sequía no se angustia,
  y nunca deja de dar fruto.

JEREMÍAS 17:7-8

Confía en el SEÑOR y haz el bien;
  establécete en la tierra y manténte fiel.

SALMO 37:3

*Entonces exclamó Nabucodonosor: «¡Alabado sea el
Dios de estos jóvenes, que envió a su ángel y los salvó!
Ellos confiaron en él y, desafiando la orden real,
optaron por la muerte antes que honrar o adorar a otro
dios que no fuera el suyo.»*

DANIEL 3:28

LA CONFIANZA

El que confía en el SEÑOR prospera.

PROVERBIOS 28:25

Todo el que confíe en él no será jamás defraudado.

ROMANOS 10:11

Temer a los hombres resulta una trampa,
    pero el que confía en el SEÑOR sale bien librado

PROVERBIOS 29:25

Confía en el SEÑOR de todo corazón,
    y no en tu propia inteligencia.

PROVERBIOS 3:5

Cobren ánimo y ármense de valor,
    todos los que en el SEÑOR esperan.

SALMO 31:24

Bueno es el SEÑOR;
    es refugio en el día de la angustia,
y protector de los que en él confían.

NAHÚM 1:7

PENSAMIENTO DEVOCIONAL SOBRE
LA CONFIANZA

Nuestra familia había viajado en avión al sur de California. Exactamente a las 3:30 de la mañana siguiente, me desperté por algo que nunca antes había oído. Era un sonido crujiente, que se parecía al que se produce al intentar levantar una ventana que se ha pegado al marco. Y luego, increíblemente, nuestra habitación de hotel empezó a balancearse. ¡Terremoto! Al mirar el noticiero la mañana siguiente, vimos carreteras —las mismas por donde habíamos viajado apenas unas horas antes— retorcidas y quebradas.

Al mirar los programas de noticias del lugar y escuchar las voces temblorosas de las víctimas, descubrí que la falta de aviso previo y el daño a la propiedad no son lo peor que ocurre en estos desastres naturales. No, la destrucción más grande que causa el terremoto ocurre en el corazón de las personas que ya no pueden contar con la confiabilidad de la tierra firme. La tierra firme ha perdido su firmeza.

¿En qué se puede confiar … en su trabajo, su automóvil, su lavarropas Maytag? ¿Y qué me puede decir de su cartera de acciones? ¿Sus relaciones personales? ¿Su salud?

Ninguna de estas cosas son dignas de nuestra confianza absoluta. Por increíble que parezca, todas estas cosas nos fallarán. Pero la confianza en Dios nunca nos defraudará. Su confiabilidad es legendaria. Su fidelidad es completamente segura … absolutamente firme.

———

Unos dan a manos llenas, y reciben más de lo que dan;
  otros ni sus deudas pagan, y acaban en la miseria.

PROVERBIOS 11:24

*[Jesús dijo:] «¿Qué mérito tienen ustedes al hacer bien
a quienes les hacen bien? Aun los pecadores actúan así.
¿Y qué mérito tienen ustedes al dar prestado a quienes
pueden corresponderles? Aun los pecadores se prestan
entre sí, esperando recibir el mismo trato. Ustedes, por
el contrario, amen a sus enemigos, háganles bien y
denles prestado sin esperar nada a cambio. Así tendrán una gran recompensa y serán hijos del Altísimo
… Sean compasivos, así como su Padre es compasivo.»*

LUCAS 6:33–36

Quién puede subir al monte del SEÑOR?
  ¿Quién puede estar en su lugar santo?
Sólo el de manos limpias y corazón puro,
  el que no adora ídolos vanos
  ni jura por dioses falsos.
Quien es así recibe bendiciones del SEÑOR;
  Dios su Salvador le hará justicia.

SALMO 24:3–5

———

Ya se te ha dicho lo que de ti espera el SEÑOR:
Practicar la justicia,
amar la misericordia,
y humillarte ante tu Dios.

MIQUEAS 6:8

Aleja de mí la falsedad y la mentira;
no me des pobreza ni riquezas
sino sólo el pan de cada día.
Porque teniendo mucho, podría desconocerte
y decir: "¿Y quién es el SEÑOR?"
Y teniendo poco, podría llegar a robar
y deshonrar así el nombre de mi Dios.

PROVERBIOS 30:8-9

[Jesús dijo:] «"Ama al Señor tu Dios con todo tu corazón, con todo tu ser y con toda tu mente." Éste es el primero y el más importante de los mandamientos. El segundo se parece a éste: "Ama a tu prójimo como a ti mismo."»

MATEO 22:37-39

Hablen y pórtense como quienes han de ser juzgados por la ley que nos da libertad, porque habrá un juicio sin compasión para el que actúe sin compasión. ¡La compasión triunfa en el juicio!

SANTIAGO 2:12-13

LOS VALORES

---

*Ten cuidado de no olvidar al SEÑOR tu Dios. No dejes
de cumplir sus mandamientos, normas y preceptos ... Y
cuando hayas comido y te hayas saciado, cuando hayas
edificado casas cómodas y las habites, cuando se hayan
multiplicado tus ganados y tus rebaños, y hayan aumen-
tado tu plata y tu oro y sean abundantes tus riquezas, no
te vuelvas orgulloso ni olvides al SEÑOR tu Dios.*

DEUTERONOMIO 8:11-14

*Traten a los demás tal y como quieren que ellos los
traten a ustedes.*

LUCAS 6:31

*[Jesús dijo:] «Cuando des un banquete, invita a los
pobres, a los inválidos, a los cojos y a los ciegos. Entonces
serás dichoso, pues aunque ellos no tienen con qué
recompensarte, serás recompensado en la resurrección de
los justos.»*

LUCAS 14:13-14

PENSAMIENTO DEVOCIONAL SOBRE
LOS VALORES

———

Algunas directrices son absolutas. Por ejemplo, los Diez Mandamientos nunca cambian. Nunca está bien cometer adulterio, matar a alguien o amar cosa alguna más que a Dios. Pero hay otras cosas que se parecen más a las teclas del piano. Las notas en sí no son buenas ni malas; depende de cómo se las toque en el contexto de una canción.

Por ejemplo, una pelea da la impresión de ser algo malo. Pero a lo largo de la Biblia Dios permite la pelea para que protejamos a nuestra familia o a nuestro país. La compasión se considera algo bueno, y sin embargo a veces debemos dejar nuestros sentimientos de lado para asegurarnos de que no se ignore la justicia.

Con la sabiduría de Dios y buenos consejos de parte de personas piadosas, podemos aprender a hacer lo bueno cuando no es clara la línea divisoria entre lo que está bien y lo que está mal. Salomón dijo: «La sabiduría es lo primero. ¡Adquiere sabiduría! Por sobre todas las cosas, adquiere discernimiento» (Proverbios 4:7). Esta proviene únicamente de Dios.

LA SABIDURÍA

Si llamas a la inteligencia
    y pides discernimiento;
si la buscas como a la plata,
    como a un tesoro escondido,
entonces comprenderás el temor del SEÑOR
    y hallarás el conocimiento de Dios.
Porque el SEÑOR da la sabiduría;
    conocimiento y ciencia brotan de sus labios.

PROVERBIOS 2:3-6

Temer al Señor: ¡eso es sabiduría!
    Apartarse del mal: ¡eso es discernimiento!

JOB 28:28

[Jesús dijo:] «Todo el que me oye estas palabras y las pone en práctica es como un hombre prudente que construyó su casa sobre la roca. Cayeron las lluvias, crecieron los ríos, y soplaron los vientos y azotaron aquella casa; con todo, la casa no se derrumbó porque estaba cimentada sobre la roca.»

MATEO 7:24-25

Adquiere sabiduría, adquiere inteligencia…
No abandones nunca a la sabiduría,
    y ella te protegerá;
    ámala, y ella te cuidará.

LA SABIDURÍA

La sabiduría es lo primero. ¡Adquiere sabiduría!
Por sobre todas las cosas, adquiere discernimiento.

PROVERBIOS 4:5-7

Confía en el SEÑOR de todo corazón,
y no en tu propia inteligencia.
Reconócelo en todos tus caminos,
y él allanará tus sendas.

PROVERBIOS 3:5-6

¿Acaso no lo sabes?
¿Acaso no te has enterado?
El SEÑOR es el Dios eterno,
creador de los confines de la tierra.
No se cansa ni se fatiga,
y su inteligencia es insondable.
Él fortalece al cansado
y acrecienta las fuerzas del débil.

ISAÍAS 40:28-29

*Ya sea que te desvíes a la derecha o a la izquierda, tus
oídos percibirán a tus espaldas una voz que te dirá:
«Éste es el camino; síguelo.»*

ISAÍAS 30:21

LA SABIDURÍA

_____

La sabiduría que desciende del cielo es ante todo pura, y además pacífica, bondadosa, dócil, llena de compasión y de buenos frutos, imparcial y sincera.

SANTIAGO 3:17

¿De dónde, pues, viene la sabiduría?
    ¿Dónde habita la inteligencia?
Se esconde de los ojos de toda criatura;
    ¡hasta de las aves del cielo se oculta! …
Sólo Dios sabe llegar hasta ella;
    sólo él sabe dónde habita.

JOB 28:20–21, 23

La locura de Dios es más sabia que la sabiduría humana, y la debilidad de Dios es más fuerte que la fuerza humana.

1 CORINTIOS 1:25

[La sabiduría clama:]
El que me obedezca vivirá tranquilo,
    sosegado y sin temor del mal.

PROVERBIOS 1:33

Si a alguno de ustedes le falta sabiduría, pídasela a Dios, y él se la dará, pues Dios da a todos generosamente sin menospreciar a nadie.

SANTIAGO 1:5

PENSAMIENTO DEVOCIONAL SOBRE LA SABIDURÍA

A Salomón se lo recordará siempre como el rey más sabio de Israel. Y, sin duda, él también habrá hecho alarde de lo brillantes que eran sus hijos. Pero el anciano Salomón no dejó nada librado al azar; no supuso que sus hijos captarían la sabiduría por cuenta propia. El libro de Proverbios en realidad es una nota de amor a los hijos de Salomón. A pesar de su sabiduría y su riqueza, Salomón hizo una pausa y se tomó el tiempo necesario para volcar su sabiduría a sus hijos. A consecuencia de sus esfuerzos, hombres y mujeres a lo largo de la historia se han deleitado en el resplandor de estas sabias palabras.

¿Se pregunta usted dónde habrá obtenido Salomón la idea de entregar él mismo esta sabiduría a sus hijos? ¿Cómo se dio cuenta de que ellos probablemente no lo podrían captar por cuenta propia?

Justo antes de su propia muerte, David le dijo a su hijo: «¡Cobra ánimo y pórtate como hombre! Cumple los mandatos del Señor tu Dios» (1 Reyes 2:2–3). Qué buena idea, debe haber pensado Salomón para sus adentros al caminar en pantuflas hacia su dormitorio. Cuando tenga hijos propios, creo que haré lo mismo. De tal palo, tal astilla.

EL TRABAJO

_____

A quien Dios le concede abundancia y riquezas, también le concede comer de ellas, y tomar su parte y disfrutar de sus afanes, pues esto es don de Dios.

ECLESIASTÉS 5:19

Manténganse firmes e inconmovibles, progresando siempre en la obra del Señor, conscientes de que su trabajo en el Señor no es en vano.

1 CORINTIOS 15:58

Todo lo que te venga a la mano, hazlo con todo empeño.

ECLESIASTÉS 9:10

[Jesús dijo:] «Conozco tus obras, tu duro trabajo y tu perseverancia… Has perseverado y sufrido por mi nombre, sin desanimarte.»

APOCALIPSIS 2:2–3

Hagan lo que hagan, trabajen de buena gana, como para el Señor y no como para nadie en este mundo, conscientes de que el Señor los recompensará con la herencia. Ustedes sirven a Cristo el Señor.

COLOSENSES 3:23–24

EL TRABAJO

Todo esfuerzo tiene su recompensa.

PROVERBIOS 14:23

Que el favor del Señor nuestro Dios
esté sobre nosotros.
Confirma en nosotros la obra de nuestras manos;
sí, confirma la obra de nuestras manos.

SALMO 90:17

*¡Manténganse firmes y no bajen la guardia, porque sus
obras serán recompensadas!*

2 CRÓNICAS 15:7

*El Señor abrirá los cielos, su generoso tesoro, para
derramar a su debido tiempo la lluvia sobre la tierra,
y para bendecir todo el trabajo de tus manos.*

DEUTERONOMIO 28:12

*Trabajen durante seis días, pero el séptimo día, el
sábado, será para ustedes un día de reposo consagrado
al Señor.*

ÉXODO 35:2

El diligente ve cumplidos sus deseos.

PROVERBIOS 13:4

EL TRABAJO

Los planes bien pensados: ¡pura ganancia!
  Los planes apresurados: ¡puro fracaso!

PROVERBIOS 21:5

Siembra tu semilla en la mañana, y no te des reposo por la tarde, pues nunca sabes cuál siembra saldrá mejor, si ésta o aquélla, o si ambas serán igual de buenas.

ECLESIASTÉS 11:6

[Procuren] vivir en paz con todos, … ocuparse de sus propias responsabilidades y … trabajar con sus propias manos … para que por su modo de vivir se ganen el respeto de los que no son creyentes, y no tengan que depender de nadie.

1 TESALONICENSES 4:11-12

[Jesús dijo:] «¡Hiciste bien, siervo bueno y fiel! En lo poco has sido fiel; te pondré a cargo de mucho más. ¡Ven a compartir la felicidad de tu señor!»

MATEO 25:21

PENSAMIENTO DEVOCIONAL SOBRE
EL TRABAJO

El rey Salomón nos proporciona una alternativa de empleo.

—Puede cambiar el sudor y el trabajo pesado que están tras la puerta número dos por la caja que trae Juancito, que se acerca por el pasillo en este momento.

—Escojo la caja —decimos sin pensarlo—. El trabajo sin propósito no es para mí.

Cuando Salomón levanta la tapa de la caja, escuchamos las siguientes palabras: «Es un don de Dios que el hombre coma o beba, y disfrute de todos sus afanes» (Eclesiastés 3:13). ¿Oyó eso? El trabajo no es una maldición. El trabajo es una bendición.

De las horas que estamos despiertos, pasamos más tiempo dedicados al trabajo que a cualquier otra actividad. ¿A usted le parece que nuestro amante Padre celestial, el que nos ha dado vida y con amor la sostiene, habría de querer que nos produjera fastidio la porción más grande de nuestra vida? De ninguna manera.

Examine con cuidado lo que está haciendo con su trabajo. ¿Le satisface el trabajo de sus manos? ¿Percibe la bendición de Dios sobre su labor? Si responde que sí a estas preguntas, tiene motivo para estar agradecido. Si responde que no, tal vez este sea un buen momento de considerar cuidadosamente lo que está haciendo.

UNAS PALABRAS
ACERCA DEL AUTOR

Robert Wolgemuth ha estado en el negocio de las publicaciones por espacio de veinticinco años. Es dueño y presidente de Wolgemuth & Associates, Inc., una agencia literaria que representa en forma exclusiva las obras escritas de aproximadamente veinte autores incluyendo a Joni Eareckson Tada, Ravi Zacharias, R.C. Sproul, Orel Hershiser, Patrick Morley y Henry Blackaby.

Robert es un orador y un escritor que tiene gran éxito de ventas. Sus libros incluyen: *She Calls Me Daddy* [Ella me llama papi], *The Devotional Bible for Dads* [La Biblia devocional para papás], *Daddy @ Work* [Papi @ Trabajo], *What's in the Bible: The Story of God through Time and Eternity* [Qué contiene la Biblia: La historia de Dios a través del tiempo y la eternidad], un libro en el que colaboraron Wolgemuth y el doctor R.C. Sproul. Sus otras obras de colaboración incluyen *O Worship the King* [Adorad al Rey] con Joni Eareckson Tada y el doctor John MacArthur, y *Between the Lines: Nine Principles to Live By* [Entre líneas: Nueve principios que rigen la vida] con Orel Hershiser.

En su función de orador y asesor para grupos, entre los que se incluyen Dream Works, the Professional Golfers Association, Taylor University, Vanderbilt University Children's Hospital, The Maryland Science Center, Belmont University, Focus on the Family, Willow Creek Community Church, y The Foundation, a Robert se lo conoce como paladín de la familia, la comunicación eficaz, el liderazgo, las destrezas auditivas, la edificación de relaciones y los valores tradicionales.

Entre sus logros profesionales, fue seleccionado como Outstanding Young Man in America [Joven sobresaliente en Estados Unidos] en 1978, Who's Who in America [Quién es quién en Estados Unidos] en 1980, Who's Who in Business and Industry [Quién es quién en el comercio y la industria] en 1982, y durante dos períodos presidió la Evangelical Christian Publishers Association [Asociación de Publicadores Cristianos Evangélicos].

El señor Wolgemuth, que se graduó en 1969 de la Universidad Taylor, es padre de dos hijas adultas, y tiene dos yernos y tres nietos. Él y Bobbie, su esposa de más de 31 años, viven en la zona central de Florida.

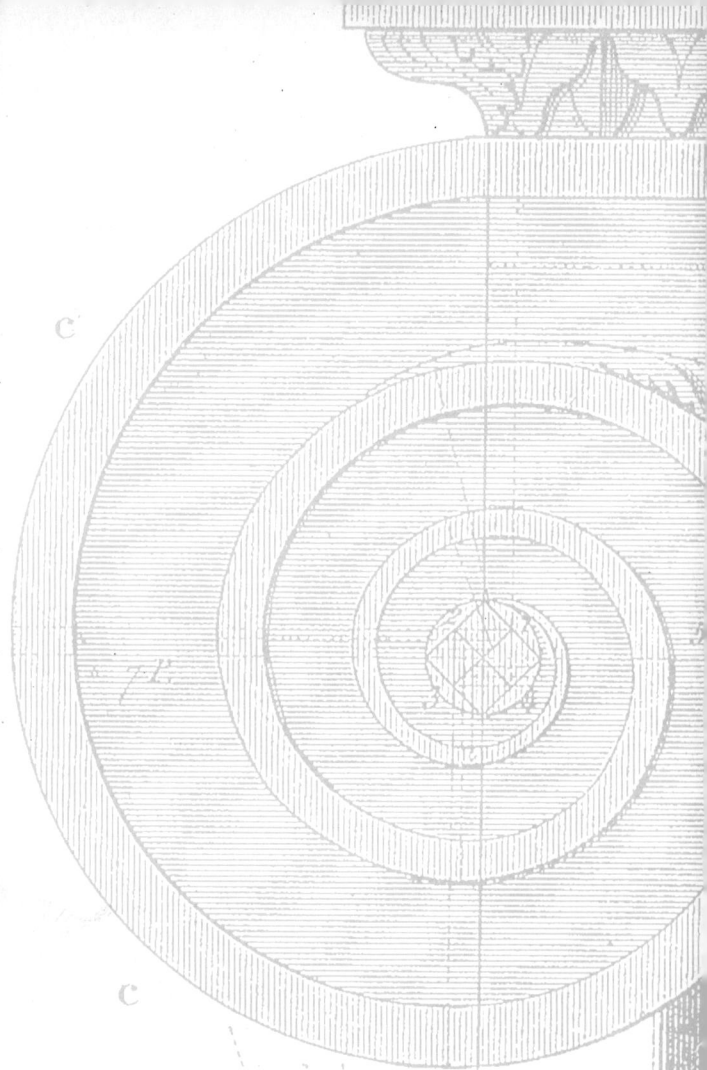